Godi Leiser's Zürich

Verlag Hans Rohr Zürich

© 1994 Godi Leiser CH-8124 Maur
Dieses Werk, einschliesslich aller seiner Teile,
ist urheberrechtlich geschützt.
Wiedergaben jeglicher Art aus diesem Buch
sind ohne Zustimmung des Autor/Künstlers nicht zulässig.
Verlag Hans Rohr Zürich
Druck: Auer Offset AG Fällanden
Einband: Burkhardt AG Mönchaltorf
ISBN 3-85865-098-6

Inhalt

Vorwort	5
Im Lauf der Jahre ...	7
Weite Gasse 9	9
Lindenhof und Rennweg	11
Die Limmat und der Limmatquai	13
Limmatquai, vom Central zum Bellevue	15
Die Zunfthäuser	17
Neumarkt mit Türmen	19
Von glücklichen Stunden auf Kränen	21
Kran am Rennweg	20
Kran beim Lindenhof	22
Kran an der Trittligasse	25
Kran Obere Zäune (1)	27
Kran Obere Zäune (2)	29
Kran am Limmatquai	30
Kran an der Kirchgasse	32
Kran im Niederdorf	35
Kran in Stadelhofen	37
Kran am Münsterhof	39
Kran an der Fortunagasse	40
Zürich um 1800	41
Die Wasserräder in der Limmat	42
Die vier Klöster der Bettelorden	44
Einst Niederdorftor, heute Central	47
Die Augustinergasse	49
Schipfe und Oetenbachquartier	51
Die Bahnhofstrasse geb. Fröschengraben	53
Das Rennweg-Bollwerk 1521–1865	54
Zwischen See und Schanzen	56
Bauschänzli und Schanzengraben	57
Das Bombachgut	59
Gartenseite der Trittligasse	61
Affolterns Vergangenheit und Zukunft	63
Dörfliches in der Stadt	64
Zwischen Bahnhof und Escher-Wyss-Platz	67
Die Dachterrassen, auch Zinnen genannt	68
Die Brunnen	71
Alt und neu	73
Märkte	75
Von der Eisenbahn zur S-Bahn	76
Unterwelt in Stadelhofen	78
A propos Kultur	81
Tonhalle und Kongresshaus	83
Das Kunsthaus	85
Das Landesmuseum	87
Museum Rietberg	89
Museum Bellerive	91
Helmhaus, Strauhof und hundert Galerien	93
Museum und Schule für Gestaltung	95
Zürich von Türmen und Gerüsten	97
Auf dem Dachreiter der Predigerkirche	98
Panorama der Stadt Zürich vom St. Peter	101
Blick von Nordwesten bis Nordosten	103
Blick von Südosten bis Südwesten	105
Auf der Spitze des Grossmünsters	106
Die Stadt am Fluss	108
Der Münsterhof	110
Auf der Sternwarte Urania	112
Die Altstadt vom Turm der Predigerkirche	115
Gedanken beim Zeichnen	117

Vorwort

Meist hält man Bücher in den Händen, die voller Buchstaben, voller Wörter, voller Sätze sind – und meistens, nicht immer, liest man sie auch; dann kann man sich auch an Werken erfreuen, die neben Erzähltem, Berichtetem und Erforschtem noch Illustrationen aufweisen, und schliesslich – solch ein Buch haben Sie jetzt vor sich – gibt es Bilderbücher, die auch ein wenig Text enthalten. Der vorliegende Band hat den grossen und eher seltenen Vorteil, dass Text und Bild aus gleicher Feder stammen.
Godi Leiser beginnt sein Vorwort mit dem Geständnis «Ich bin kein Stadtzürcher». Es fällt auf, dass Auswärtige immer und immer wieder zu eindrücklichen Darstellungen Zürichs inspiriert werden. Der Zeichner aus St. Gallen tut es auf seine Art: Er betrachtet unsere Stadt von Kirchtürmen, Gerüsten und Kränen aus, aus der Vogelperspektive.
In heutigen Zeiten ist ja eher die Froschperspektive Trumpf. Es entspricht dem Zeitgeist, das Auge möglichst aus Dunst, Abgas, Dreck, Schlamm und Umweltgiften blicken zu lassen, um den auf- und anzuregenden Zeitgenossen deutlich zu machen, dass es in der Gegenwart untendurch geht.
Godi Leiser hat sich das Betrachten von oben nicht leicht gemacht. Allen Schwindel vergessend, im wahrsten Sinne des Wortes, erklimmt er Kräne, um ganz zuoberst auf dem Ausleger sein Werkzeug sorgfältig auszupacken und hinzulegen. Tusche, Feder, Papier, Bleistift, alles muss doppelt verfügbar sein, Reserve ist in dieser Höhe alles.
Von oben herabschauen, das könnte ja zu Überheblichkeit führen. Dieser Versuchung ist der Zeichner nicht erlegen. Wer die Arbeiten genau betrachtet, wer die Erinnerungen und Erläuterungen auch zwischen den Zeilen liest, der wird merken, mit wieviel Bescheidenheit, nebst vielem Können, Godi Leiser seine Liebe zur Stadt ausdrückt, mit Feder und Bleistift darstellt. Er zeichnet das Alte Zürich, für jeden Besucher und Einwohner *das* Zürich: flächenmässig nur zwei Prozent der ganzen Stadt!
Es wäre natürlich verlockend, über den Unterschied zwischen dem Künstler, Zeichner aus luftiger Höhe, und dem Politiker zu philosophieren – doch das würde zu weit führen. Bleiben wir, wie der Zeichner, auf dem Boden, auch wenn dieser Boden in vielen Fällen der Lochblechboden auf dem Kranausleger ist, schwankender Grund, aber für Godi Leiser Boden für seine Arbeit, die jede Stadtzürcherin, jeden Stadtzürcher begeistert und erfreut und Auswärtigen zeigen wird, wie schön es in Zürich sein kann.
Zu dieser Reise des Sehens und Beobachtens wünsche ich allen Betrachterinnen und Betrachtern viel Vergnügen und beschauliche Stunden.

Dr. Jürg Kaufmann
alt Stadtrat

Im Lauf der Jahre ...

Ich bin kein Stadtzürcher. Dass ich noch immer «Zumft» sage statt «Zouft», entlarvt mich als Ostschweizer. Ich wohne auch nicht mehr in der Stadt; seit dreissig Jahren lebe ich auf dem Land, in der Agglomeration, wie man's heute nennt. Zwischen Maur und der Ortstafel «Zürich» liegen fünf Kilometer und ein Wald. Immerhin wagt sich ein blauer Bus bis an den Greifensee und markiert so das Zürcher Territorium. Um diesen Gesandten aus der nahen Stadt bin ich froh, es provinzelt nicht in Maur. Meine ersten Kontakte mit Zürich datieren aus den späten Zwanzigerjahren. Als Bub durfte ich jeweils dorthin in die Ferien, und ich freute mich immer, wenn ich das grünliche, zwischen zwei Hügeln eingeklemmte St. Gallen für zwei Wochen mit dem bläulichhellen Zürich am glitzernden See vertauschen konnte.

Nach dem Krieg kam ich, die Arbeitsproben im Koffer, in die verheissungsvolle Stadt, grimmig entschlossen, hier meine Grafikerzukunft zu finden. Die Branchenzare beugten sich wohlwollend über meine Entwürfe und befanden, dass man halt doch überall die Stickereizeichner spüre, der Landistil noch nicht überwunden sei und hier in Zürich eben ein frischerer Wind wehe. Ich bekam trotzdem eine Stelle, doch bald darauf stand ich wieder auf dem Pflaster: Ein junger Mann aus der Provinz rentierte nicht für dreihundert Franken im Monat. Der Frauenverein mit seinen alkoholfreien Mädchen in getüpfelten Röcken half mir, ohne Kräftezerfall über die Dürreperiode hinwegzukommen.

Von 1951 bis 1976, ein Vierteljahrhundert lang, hatte ich dann mein eigenes Grafikeratelier in der Altstadt, im Bellevuequartier, au milieu du milieu sozusagen. Die Weite Gasse war in den fünfziger Jahren voller Leben. Kinder spielten Völkerball, über die Dächer strichen die Kater, Angeheiterte sangen ihre Arie, und vom «Terrasse» wehten an Sommertagen die Klänge eines Damenorchesters herüber. Der Schlosser Dietrich sorgte für echten Werkstattlärm und der Coiffeur Piccolo für dezente Frisuren. Der alte Pfister, mit seinem Milch- und Spezereilädeli, kämpfte heroisch gegen die neue Migrosfiliale an der Ecke, und die Damen des allerältesten Gewerbes führten aufgeregte strategische Diskussionen. Man kannte und grüsste sich in der Gasse, und wenn ein alter Bewohner das Zeitliche segnete, so wusste es alle Nachbarschaft.

Das hat sich dann bald geändert. Das grosse Haus mit den vielen Familien und dem günstigen Mietzins ist abgebrochen und durch ein Appartementhaus ersetzt worden; die kleinen Werkstätten und Läden machten Boutiquen Platz; das Kindergeschrei verstummte. Die immer offenen Türen sind jetzt immer geschlossen und mit Gegensprechanlagen versehen. Alles ist anonym, aber blitzsauber und hochkomfortabel. An der Weiten Gasse konnte ich sehr anschaulich Zürichs Wandel in den Nachkriegsjahren miterleben. Ich habe Zürich trotzdem gern. Zu schwärmen, es sei eine gemütlich-romantische Stadt, würde ich mich indes heute nicht mehr trauen. Die heitere Zuversicht von Stapi Landolts Zeiten will sich nicht mehr einstellen; der Horizont ist trüb umwölkt. Und doch bleibe ich gedämpft optimistisch, denn Zürich hat schon manches Formtief überstanden. Und weil ich als Zeichner die Stadt vor allem mit den Augen erlebe, wird mir, wenn ich so schaue, eben doch warm ums Herz, ob ich will oder nicht.

Die Aussicht von Zürichs Türmen ist einzigartig.

Man schaut auf eine Stadtlandschaft, die in dieser Art nirgends so noch zu finden ist: Dächer in bewegten Reihen, jedes anders in Höhe, Neigung, Farbe und Struktur, jedes verschieden mit Lukarnen und Kaminen bestückt, aber doch ein harmonisches Ganzes bildend. Und an allen Ecken und Enden diese typisch zürcherischen Dachterrassen, diese rührenden privaten Paradiese.

Nun rede ich immer von Zürich und merke plötzlich, dass ich ja nur das begrenzte Réduit meine, die «mindere» und die «mehrere» Stadt nämlich links und rechts der Limmat, jene alten Quartiere zwischen Bahnhof und See, zwischen Bahnhofstrasse und Seilergraben, die man den Fremden als sehenswürdig empfiehlt. Bloss zwei Prozent der gesamten Stadtfläche sind das – unter uns gesagt.

Als man seinerzeit die Mauern und Türme niederriss, ist Zürich ganz unverschämt aus den Nähten geplatzt. Die Bauwelle ist über das Limmattal geflutet und an den Hügeln emporgestiegen. Ist Zürich jetzt eine Grossstadt? Gottlob nicht, doch die Titulierung als «kleinstädtischste aller Grossstädte» liesse sich rechtfertigen.

Man wird's mir gewiss nicht verargen, wenn ich Grosszürich den Fotografen überlasse. Die Wohntürme in der Hardau zum Beispiel sind im abendlichen Gegenlicht sehr fotogen. Aber diese Aussen-Quartiere mit ihren heimeligen Strassennamen und unheimeligen Shoppingcenters, diese mit keimfreien Wohnblöcken möblierten Quartiere, sie reizen mich nicht zum Zeichnen. Vielleicht wird ein junger computerversierter Zeichner die Aufgabe später einmal neu und ganz überraschend angehen.

So oder so – ich hoffe, dass es mir gelungen ist, ein anregendes Portrait Zürichs zu entwerfen. Vielleicht habe ich da und dort den Wunsch entstehen lassen, diese Stadt nun doch einmal näher kennenzulernen, zu Fuss an einem Sonntagmorgen zum Beispiel, oder während der Sommerferien, wenn Zürich so herrlich entspannt und privat ist.

Weite Gasse 9

Lindenhof und Rennweg

Mitten in der Stadt, hoch über der Limmat, verbreiten die alten Bäume des Lindenhofs eine stille, heitere Ruhe. Kinderhütende Frauen, Pensionäre, Schachspieler und müde Touristen sind dankbar für diese Oase.

Sechseläuten

Die Limmat und der Limmatquai

Zürich war bis zum Beginn des 19. Jahrhunderts eine ausgeprägte Flussstadt, eine Stadt rechts und links der Limmat. Der grössere Stadtteil am rechten Ufer nannte sich «Mehrere Stadt»; am linken Ufer war die «Mindere Stadt». Die Limmat versorgte die Stadt mit Trinkwasser, entsorgte den Abfall und besorgte den Warentransport; sie trieb die Wasserräder an, und auf ihren Wellen schaukelten die Waschschiffe. Fünf Brücken verbanden die Ufer: die Münsterbrücke, die Rathausbrücke, der Obere Mühlesteg, der Untere Mühlesteg und der Lange Steg. Die Rathausbrücke galt als Herz Zürichs. Dort fanden die Märkte statt, dort flanierte, wer gesehen werden wollte, und im «Hotel zum Schwert» pflegten die Notablen abzusteigen.

Fast alle Häuser an der Limmat stiessen ans Wasser, und nur da und dort gewährten sie mit Lauben schmale Durchgänge. Dem Fluss entlang führte keine Strasse; der Durchgangsverkehr vollzog sich auf der Achse Oberdorfstrasse – Münstergasse – Niederdorfstrasse. Die Wasserkirche stand weitab vom Ufer im Wasser, und die Schifflände nebenan war ein betriebsamer Hafen, angelaufen von Frachtkähnen und Segelschiffen.

Dort, wo der Limmatquai sich heute präsentiert, wurde seit Jahrhunderten gebaut, verändert, renoviert, abgebrochen und wieder aufgerichtet. Das jetzige Aussehen erreichte er am Ende des letzten Jahrhunderts, nachdem er, auch dem Rösslitram zuliebe, von neun auf fünfzehn Meter verbreitert wurde. Unter dem Sammelbegriff «Limmatquai» figurierten nun auch der Sonnenquai, der Ländequai, der Rüdenquai, der Rathausquai und der Metzgquai. Der Kunsthistoriker Heinrich Wölfflin bemerkte zum Limmatquai: «Man muss, um das ursprüngliche Bild zu gewinnen, diesen Saum (am rechten Ufer) sich nicht gar so geometrisch ausgerichtet denken, wie das jetzt der Fall ist. Das Ufer sprang vor und zurück, und es ergab sich ein weiterer Unterschied, ob ein Gebäude am Wasser stand oder zurücktrat oder – wie das Rathaus – ganz ins Wasser hineingebaut war. Die letzte Situation ist erhalten, im übrigen ist mit der allgemeinen «Trockenlegung» der Häuser zugunsten eines regulären Quais viel charaktervolle Mannigfaltigkeit verlorengegangen.» Bis heute noch immer nicht ganz verschwunden ist sein unverwechselbarer Charme.

Central   z.Brotkorb   z.Geduld   z. Wolf   z.Gans   Waser

Mossehaus   Neuegg   Hotel Krone   Bierfass   z.Roten Schild   z.Alten Druck

Museumsgesellschaft   Marktgasse   z.Saffran   z.Haue   Büchsenstein   z.Käshütte   z.Ke

Rathaus

Münsterhäuser   Musik Hug   Höfli   z.Schnabelberg   z.Elsässer   Select

ben Adler   z.Paradiesvogel   Schäfli   Aquarium   z. Fronfastenhaus   z.Lämmlein   Mühlegasse

z.Glentnerturm   z.Geist   Schweizerhof   Schiff   Modissa   z.Schneggen

z.Rüden   z.Zimmerleuten   Wettingerhäuser   Grossmünsterterrasse

Limmatquai, vom Central zum Bellevue   Theater am Hechtplatz   Bellevue

Zunfthaus "zur Meise" Zunft zur Meise

Die Zunfthäuser

Zunfthaus "Zur Waag"
Zunft zur Waag

Zunfthaus "am Neumarkt"
Zunft Hottingen

Zunfthaus "Zur Saffran"
Zunft zu Saffran

Haus "Zum Rüden"
Gesellschaft zur Constaffel

Zunfthaus "zur Zimmerleuten"
Zunft zur Zimmerleuten

Zunfthaus "Zum Königstuhl"
Zunft zur Schneidern

Zunfthaus "Zur Schmiden"
Zunft zur Schmiden

Zunfthaus "Zur Haue"
Zunft zum Kämbel

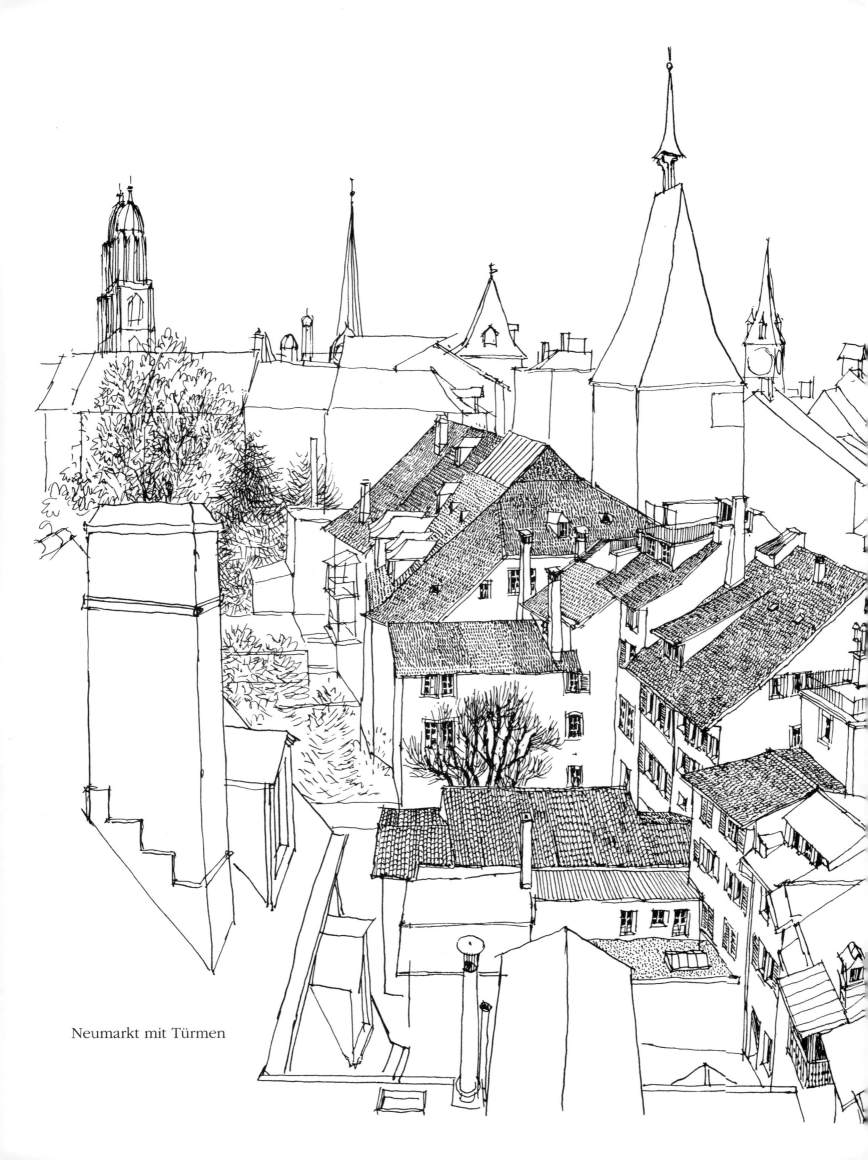

Neumarkt mit Türmen

Kran am Rennweg. Augustinergasse

Von glücklichen Stunden auf Kränen

In den siebziger Jahren hatte ich das, was ich rückblickend meinen «Kranfimmel» nenne. Wenn ich irgendwo in einer schmalen Altstadtgasse einen schlanken Gitterturm zum Himmel aufragen sah, dann hat's mich gepackt, dort musste ich hinauf. Es war eine Art Sendungsbewusstsein: Wer wagte es denn schon, einen Kran zu besteigen und erst noch dort oben zu zeichnen? Sichten, die es noch nie gegeben hat und nie wieder geben wird.
Der Werdegang einer Kranzeichnung verlief etwa so: Ich notiere mir den Namen des Bauunternehmers, blättere im Telefonbuch und begebe mich dann in die Höhle des Löwen. Dort unterbreite ich einer zurückhaltenden Sekretärin meinen abwegigen Wunsch, den firmeneigenen Kran an der Fortuna- oder Trittligasse zu besteigen. Die peinliche Pause wird durch den Hinweis beendet, dass ich schon auf verschiedenen Kränen der Konkurrenz gesessen sei, bei Locher, Piller oder Conrad & Würmli, und mit dokumentarischen Zeichnungen wird das Argument verstärkt. Die erste Hürde ist genommen, denn die Sekretärin ist unterdessen freundlicher geworden und holt den Chef. «So, so, Sie wollen auf den Kran, das kann jeder sagen, und wer trägt die Verantwortung?» Nachdem ich vor versammeltem Büropersonal gelobt habe, diese selbst zu übernehmen und der Chef noch rasch die Zeichnungen inspiziert, ist die zweite Hürde überwunden. Die Sekretärin telefoniert dem Bauführer, dass der Künstler Leiser die Erlaubnis habe, den Kran zu besteigen.
Mit einem mulmigen Gefühl, denn es gibt ja kein Zurück mehr, marschiere ich wieder zur Baustelle. Der Bauführer empfängt mich mit kollegialem Handschlag und weist hinter die Baracke, wo der Kran auf mich wartet. «Dött chasch ine», sagt er bestimmt, und hinauf ruft er: «Giovanni, es chunnt denn eine ufe!» Ich bemühe mich, die Direttissima unter den kritischen Augen der Handwerker möglichst stramm in Angriff zu nehmen. Ich bin ja nicht ganz schwindelfrei, und immer wieder taucht die verflixte Frage auf, ob es denn wirklich nötig sei. Ich gebe mir darum einen Schubs, bei bösartigen Kränen, fünfzig Meter und höher, einen ganz besonders kräftigen. Der erste Teil des Aufstiegs ist noch recht vergnüglich. Man fühlt sich geborgen zwischen den Häusern, erhascht indiskrete Einblicke in Stuben und Schlafzimmer. Dann kommt das Mittelstück, wo man sich plötzlich so einsam im Leeren fühlt, wo man frustriert ist, wenn man nach unten und bänglich, wenn man nach oben schaut. Starr geradeaus sehen, zum jenseitigen Ufer des Zürichsees hin, das ist noch am besten. Nach vielen senkrechten Leitern und Zwischenhalten wird es dann endlich wieder behaglich. Die grosse Firmentafel schirmt ab und verschafft Geborgenheit; aus seiner Kabine grüsst der Kranführer.
Ich aber muss noch weiter hinauf, auf den beweglichen Teil, den Ausleger. Dort auf dem Laufsteg, zwischen Kranturm und Gegengewicht lasse ich mich häuslich nieder und packe meine Utensilien aus, sehr sorgfältig, sonst fallen sie ins Bodenlose. Die Amsel dort draussen auf dem Drahtseil ist zu beneiden, sie muss nicht hinuntersteigen, kann einfach wegfliegen.
Ein Kran, das spüre ich jetzt, ist ein sehr lebendiges Wesen. Er dreht sich und schwankt, und wenn er eine schwere Last zu heben hat, zittert er am ganzen Leib. Der Motor neben mir klopft und winselt, und die Laufkatze vor mir huscht behende hin und her.

Manchmal, wenn wieder so eine volle Mulde schwerelos über Dächern und Türmen schwebt, spüre ich ein feines Kitzeln.

Nun sitze ich also im freien Luftraum über Zürich, über allen gewöhnlich Sterblichen, auf der Höhe der goldenen Zeiger der nahen Kirche. Von unten dringen die gedämpften Geräusche der Stadt herauf, Verkehrslärm, Polizeisirenen und ungeduldiges Autohupen. Über mir flattert ein Helikopter zum Spital. Vertrautes zeigt sich in neuer, unbekannter Perspektive. Grosse Kuben stossen an feingliedrige Strukturen. Altes wird von Neuem bedrängt. Dort vorn im Dunst, erkennbar an den langen Dachrücken, ist die weltbekannte Bahnhofstrasse. Westlich davon, in der Ferne, deuten Hochhäuser an, dass die Stadt immer noch nicht aufhört. Auch die winzige Kirche Höngg will noch Zürich sein.

Unterdessen ist es später Nachmittag und auf der Baustelle da unten ruhiger geworden. Ich packe zusammen und mache mich auf den senkrechten Heimweg, froh, mit jedem Schritt dem festen Boden wieder näher zu kommen.

Einer Primarschulklasse meiner Wohngemeinde habe ich einmal von meiner Kranzeichnerei erzählt, und die Schüler schrieben nachher einen Aufsatz. Ein Schüler hat es ganz besonders gut zusammengefasst: « Stadtpanoramen zu zeichnen ist risikoreich. Godi Leiser muss immer, bevor er ein Stadtpanorama zeichnet, ein Papier unterschreiben. Auf dem steht: Dass er, wenn er von einem Kirchturm, Kran, Turm ... usw. hinunterfallen würde, selber schuld sei. Es ist auch schwierig, einen guten Standpunkt zu finden. Wenn man diesen Beruf hat, muss man jederzeit zeichnen, ob es regnet oder schneit.» Jawohl.

Kran beim Lindenhof

Zu meinen Füssen die Schipfe, diesmal nicht in der gewohnten Postkartenansicht von vorne, sondern von hinten-oben. 1912 wurde beim Bau der Rudolf-Brun-Brücke auch die Mühlegasse verbreitert und eine mächtige Bresche in die feingliedrige Häuserzeile des Limmatquais geschlagen; ein Dutzend Häuser wurde abgebrochen. Am Eingang der Mühlegasse stehen heute zwei Bauten, die den Rhytmus des Limmatquais empfindlich stören: das anmassende Jugendstilhaus auf der einen Seite ist zu gross geraten, das spartanische Kästchen auf der andern Seite zu klein.

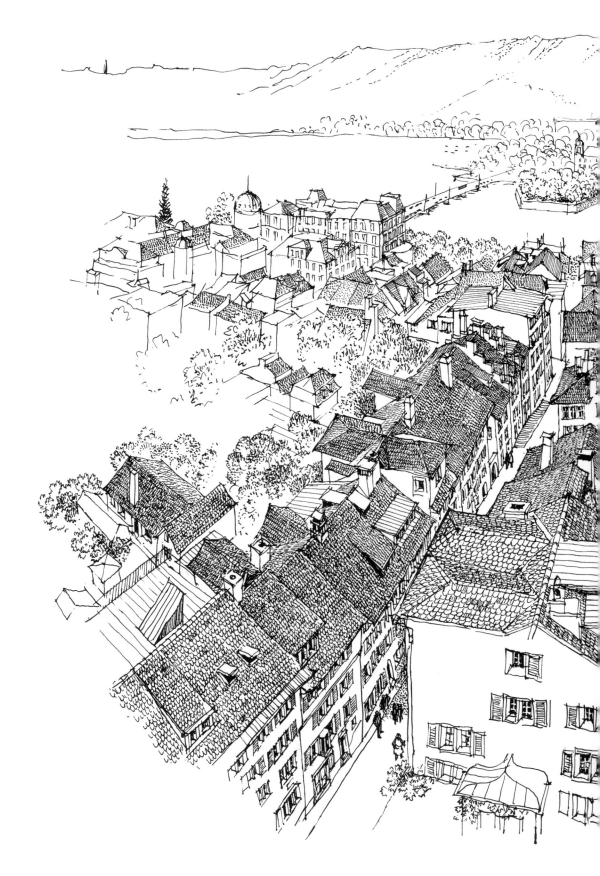

Kran an der Trittligasse

1978 stand da, wo vor Jahren an warmen Sommerabenden die Niederdorfoper gespielt wurde, ein Kran, der erste Kran, der mich verführt hat, hinaufzusteigen. Er bot einen weiten Blick über die zauberhafte, mit viel Grün durchsetzte Häuserwelt des Oberdorfs, über Limmat und See bis zum Uetliberg.

Kran Obere Zäune (1)

Über die Dächer der renovierten Riegelhäuser hin hüpft der Blick westwärts zur Limmat und weiter, bis dort, wo am Horizont die Wohntürme des Locherguts und der Hardau zeigen, dass Zürich noch lang nicht gewillt ist aufzuhören. Das Druckereigebäude links im Bild ist ein Kuckucksei im Altstadtnest.

1 mit Bleistift skizziert   2 mit Tuschekonturen

3 mit Strukturen

Kran Obere Zäune (2)

Rindermarkt und Neumarkt queren das Bild, und der massige Helm des Grimmenturms setzt einen markanten Akzent. Diese Zeichnung ist, wie die andern auch, in drei Etappen entstanden: Zuerst mit Bleistift skizziert, dann mit Tuschekonturen präzisiert, schliesslich mit Strukturen bereichert.

Stadtpanoramen zu zeichnen ist risikoreich. Godi Leiser muss immer, bevor er ein Stadtpanorama zeichnet, ein Papier unterschreiben. Auf dem steht: Dass er, wenn er von einem Kirchturm, Kran, Turm .... u.s.w. hinunter fallen würde selber schuld sei. Es ist auch schwierig, einen guten Standpunkt zu finden. Wenn man diesen Beruf hat, muss man jederzeit, ob es regnet oder schneit zeichnen.

Kran am Limmatquai

Zum Kran hinauf recken sich die Häuser Büchsenstein, Käshütte, Kerze und das strammste von allen, das Gesellschaftshaus der Constaffel, der Rüden. Zwischen den Häusern der Rüdenplatz.

Kran an der Kirchgasse

1983 war er neben dem Haus «Karl der Grosse» postiert. Geschwungene Häuserzeilen zwischen Winkelwiese und Oberdorfstrasse, zwischen Trittligasse und Kirchgasse – das Herz des Oberdorfs: Ein begehrtes Wohnquartier mit Gärten, Hinterhöfen, Dachterrassen und einem ganz und gar unerwarteten Fabrikkamin.

Kran im Niederdorf

1981 wurde das alte Haus an der Ecke Niederdorfstrasse-Mühlegasse umgebaut, «ausgekernt», wie das heute heisst. Dazu richtete man einen fünfzig Meter hohen Kran auf, den ich mit des Bauführers Erlaubnis erklomm. Der Empfang dort oben war ziemlich herb: «Was fällt Ihnen ein, Sie haben hier oben nichts zu suchen!» Wir haben uns dann versöhnt, und ich bewunderte den virtuosen Umgang des Kranführers mit seinem Kran. In einem Interview im Tagesanzeiger-Magazin schildert er nicht ohne Stolz sein Leben in der Kranführer-Kabine: «Zuerst bespreche ich morgens um sieben mit dem Polier das Tagesprogramm. Heute hat er mit erklärt, dass laufend jede Stunde eine Mulde kommt. Zwischenhinein musste ich dann noch Träger versetzen. Das hätten Sie sehen sollen! Das Gässchen ist etwa drei Meter breit, und oben, zwischen den Dächern, sind es noch etwa achtzig Zentimeter. Und da hinunter muss ich dann die tonnenschweren Eisenträger lassen. Wenn ich jeweils etwas hinunterlasse und mir die Last schräg kommt, stosse ich ganz fein am Blitzableiter an, nur ganz leicht, sonst würde es den grad umhauen. So kann ich dann die Last richten und in die Gasse hinunterlassen. Es muss einfach sehr ruhig sein, und ich darf nicht nervös werden. Wenn es windet, wird es schwierig, und wenn man dann noch nervös wird, ist es fertig». Auch ich durfte nicht nervös werden auf dem Ausleger, das hätte sich ja auf meine Feder ausgewirkt.

Kran in Stadelhofen

Noch steht die grosse, runde Stützmauer aus dem neunzehnten Jahrhundert; auch die eiserne Passerelle, die Schrebergärten und der grosse Park vor der Villa Wegmann sind noch da. Aber die S-Bahn wühlt sich bereits zum Bahnhof Stadelhofen vor, und Calatrava wird schon bald ober- und unterirdisch seine schwungvolle Architektur zelebrieren und damit ein neues Baudenkmal schaffen.

Kran am Münsterhof

Kran an der Fortunagasse

Zürich um 1800

Im Haus «Zum Rech» am Neumarkt, zu Füssen des Grimmenturms, befindet sich das Baugeschichtliche Archiv der Stadt Zürich. Dort steht im Erdgeschoss, wohlgesichert unter Glas, das historische Stadtmodell «Zürich um 1800». Das faszinierende Werk des Architekten Hans Langmack (1881 – 1952) gilt als schönstes Stadtmodell in der Schweiz. Er arbeitete daran zweiundzwanzig Jahre lang in allen Mussestunden. Dazu zog er sämtliche ihm zugänglichen Pläne und Ansichten bei, um den damaligen Zustand der einzelnen Gebäude möglichst akkurat wiedergeben zu können. Seine auf den Dachzinnen skizzierende Tochter half ihm dabei.

Wie aus einem Helikopter gesehen liegt das damalige Zürich nun vor uns. Damals waren gerade erst die Franzosen abgezogen, und der «Commissaire de la Grande Nation» hatte den besorgt gehüteten Staatsschatz auf einem vierschrötigen Karren abtransportiert, auf Nimmerwiedersehn.

Das alte Zürich zur Zeit des Stadtmodells zählte zehntausend Einwohner. Die Stadt steckte noch im Korsett des mittelalterlichen Mauerrings, gegen die umliegenden Dörfer durch die Schanzen abgegrenzt. Während des Dreissigjährigen Kriegs wurde es den Stadtbewohnern sehr deutlich bewusst, dass die Mauern aus dem 13. und 14. Jahrhundert wohl nicht mehr genügten. Es wurde eine moderne Schanzenbefestigung angelegt.

Der See reichte trichterförmig bis zur Oberen Brücke (später Münsterbrücke), und die Schiffe, wollten sie zur Schifflände bei der Wasserkirche gelangen, hatten den Spitzbogen des Grendeltors zu passieren. Eine Wasserpalisade verhinderte unbefugte Zufahrt. Beim Eingang zum Fröschengraben befand sich der Schiffsschopf für die Zürcher Kriegsschiffe. Zürich war eben, obwohl Flussstadt, eine Seemacht – eine Zürichseemacht.

Die Stadt Zürich hatte allerdings um diese Zeit bereits ihre Vormachtstellung eingebüsst, und auf dem Land ärgerte man sich herzhaft über die Mauern, Türme und Schanzen der Festung Zürich als Symbole städtischer Arroganz. Und weil diese Befestigungen zudem die weitere Entwicklung hemmten, waren ihre Tage gezählt. Als 1830 eine liberale Kantonsregierung die konservative ablöste, forderten viele Volksvertreter die Schleifung der Anlagen. Die Aufrechterhaltung der Festung Zürich sei aus finanziellen und militärischen Gründen nicht mehr gerechtfertigt. 1833 fiel der Entscheid zum Abbruch, und bis 1850 war mit Ausnahme des Bollwerks Katz (beim Botanischen Garten) und der Bauschanze der ganze Befestigungsgürtel planiert.

In «Jakob des Wandergesellen Wanderungen durch die Schweiz» schildert Jeremias Gotthelf diese Epoche sehr anschaulich: «Als nach den französischen Julitagen in der Schweiz die aus alten aristokratischen Trümmern neu aufgekleisterten aristokratischen Gebäude eingerissen wurden, da riss auch das alte Zürich nicht bloss die Verfassung ein, sondern auch seine Schanzen und Mauern, füllte die Gräben aus, öffnete die Stadt, dass sie eins ward mit dem Lande, das heisst, dass keine Mauern den geheimnisvollen Kampf mehr hemmten, der zwischen allen Städten und dem Lande ist, in welchem, je mehr die Barrieren der Städte niedergerissen, scheinbar die Städte geschwächt werden, in Wirklichkeit aber desto gieriger die Städte das Land verschlingen...»

Die neue Zeit war mit keinem Mittel mehr aufzuhalten. 1833 wurde die Universität eröffnet, das erste Dampfschiff, die «Minerva», stach in See, und seit

1847 holte die erste Eisenbahn jeweils am frühen Morgen in Baden die ofenfrischen Spanischen Brötli und heisst seitdem «Spanischbrötlibahn».
Zürich entfaltete sich mit frischem Schwung. Sein Appetit war 1893 so gross geworden, dass es sich im Rahmen der «Kleinen Eingemeindung» die Enge, Wollishofen, Wiedikon, Aussersihl, Oberstrass, Unterstrass, Wipkingen, Fluntern, Hottingen, Hirslanden und Riesbach einverleibte. Das arme Aussersihl hatte gar nichts dagegen, verschluckt zu werden, das reiche Wollishofen musste vom Bundesgericht dazu gezwungen werden. Die Einwohnerzahl schnellte von zehn- auf siebenundzwanzigtausend.
«Die Grosse Eingemeindung» von 1934 umfasste Altstetten, Albisrieden, Leimbach, Höngg, Oerlikon, Affoltern, Seebach, Schwamendingen und Witikon. Jetzt zählte Zürich fast vierhunderttausend Einwohner und war damit als grösste Schweizerstadt nicht mehr einzuholen. Von nun an prägt sie eine Grossstadt-Eigenschaft aus, die manche schätzen und viele hassen: die Anonymität. Ein Seebacher trifft heute einen Leimbacher eher in Mallorca als in Zürich.

Die Wasserräder in der Limmat

Ein halbes Jahrtausend lang galten die Schöpfräder auf der Obern Brücke bei der Wasserkirche und auf der Untern Brücke beim Rathaus als bedeutende Sehenswürdigkeiten. Jos Murers Stadtplan von 1576 macht ersichtlich, dass es massive Holzräder von vier Meter Durchmesser waren, versehen mit zwölf kupfernen Schöpfeimern, die sich in einen Trog entleerten; von dort floss das Wasser durch Röhren in Privatbrunnen und in die Badstuben an der Schipfe.
Über das Alter der beiden Ungetüme wird oft gerätselt. Das ältere auf der Rathausbrücke, das zum Schutz gegen Verunreinigung und Vergiftung des Wassers mit einem Gemälde der Schutzheiligen Felix und Regula versehen war, wurde schon 1380 erwähnt. 1489 löste ein Mord «grad bim Rad» den Aufstand gegen Hans Waldmann aus. Um den Abfluss des Seewassers zu verbessern, wurden die beiden Räder abgebrochen, das untere 1821, das obere 1835.
Eine ganz andere Funktion hatten die vier Wasserräder beim Paradies-Bollwerk: sie dienten dem Gewerbe. 1805 entstand hier die Baumwollspinnerei Escher, Wyss & Cie. Aus deren mechanischer Werkstatt entwickelte sich später die Maschinenfabrik, die 1891 in die Hard verlegt wurde.

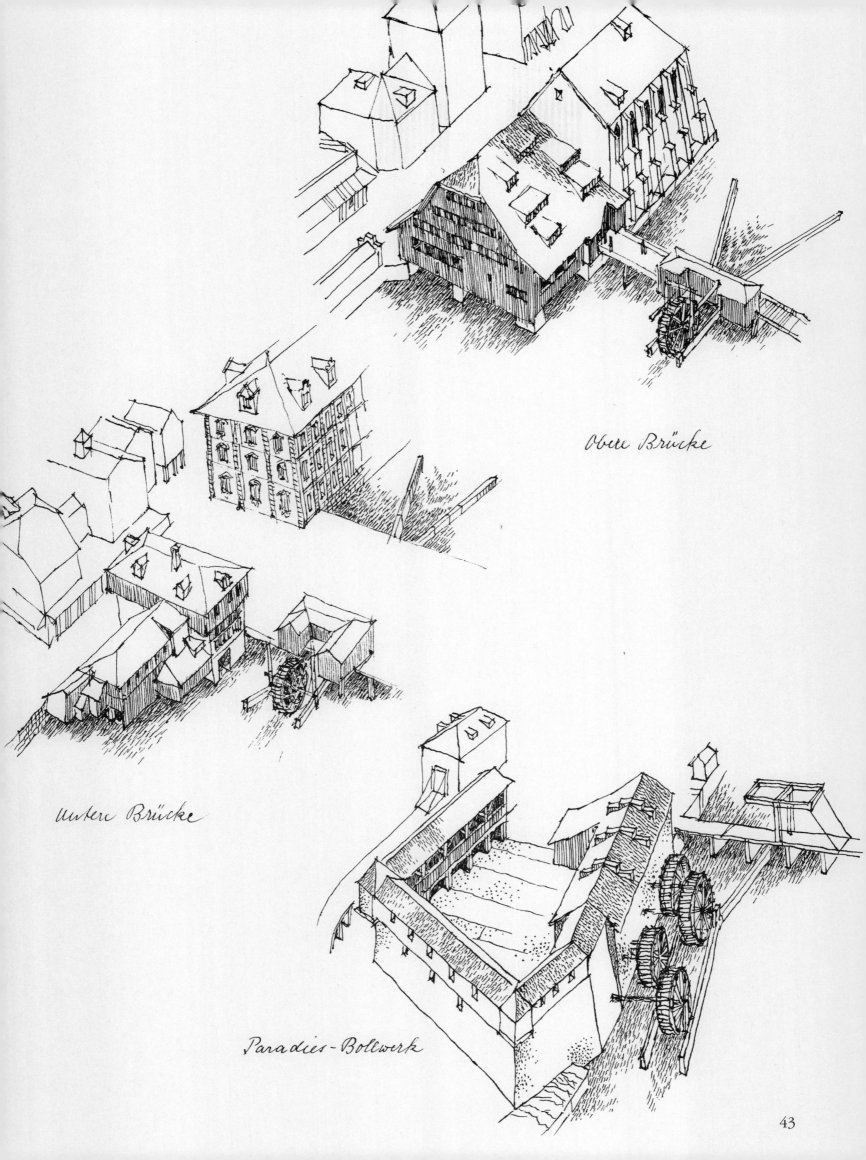

Die vier Klöster der Bettelorden

1 Barfüsser-Kloster

Es bestand seit 1247 und wurde 1524, während der Reformation, aufgehoben. 1528–1551 hatte Christoph Froschauer hier seine Druckerwerkstatt. Von 1557 an war das Obmannamt in den klösterlichen Räumen untergebracht, im Gebäudeflügel des heutigen Obergerichts bei der Obmannamtsgasse. Anstelle der ehemaligen Trotte, an welche die Gewölbe der Staatskellerei erinnern, wurde 1806 ein «Kasino» für Konzerte, Bälle und Theater gebaut, zwanzig Jahre später in der ehemaligen Kirche das «Barfüsser-Theater» eingerichtet.

2 Prediger-Kloster

1231 wurde der Bau eines Klosters erstmals erwähnt; 1524 wurde es aufgehoben, Klostergebäude und Einkünfte dem «Spital zum Heiligen Geist» zugesprochen. Das Kirchenschiff diente der Spitalverwaltung nunmehr als Weintrotte; um 1800 bot es Raum für Gottesdienste, Lazarett und Gefängnis.

3 Augustiner-Kloster

Mönche des Ordens der Augustiner-Eremiten erbauten 1274–1284 Kloster und Kirche. Das Kloster wurde 1524, zusammen mit den drei andern, aufgehoben. 1596 baute man den Chor mit seinen beiden Kapellen zur Münzwerkstätte um, wo nunmehr Schillinge und Dukaten geprägt wurden. Seit 1837 war die Hochschule hier zu Gast.

4 Kloster am Oetenbach

Seit 1285 stand das Dominikanerinnen-Kloster innerhalb der Stadtmauern, 1523 wurde es aufgehoben. Die Räume dienten vorerst als Spital und als Wohnungen für Arzt und Karrer, von 1700 an als Waisenhaus und Erziehungsanstalt; später wurden hier Kornamt, Zuchthaus und Polizeikaserne untergebracht. 1902 wurde der multifunktionale Gebäudekomplex abgebrochen, um Platz für die Amtshäuser I bis IV zu schaffen.

Einst Niederdorftor, heute Central

Am Central, wo heute Verkehrsströme von adretten Polizei-Hostessen mit leichter Hand gebündelt, sortiert und verteilt werden, wo eine öde Hauswand von Löwenbräu und Fujifilm zu berichten weiss und die rote Seilbahn bergwärts strebt, da stand einst das Niederdorftor, 1270 erstmals erwähnt, 1824 abgetragen. Mit seiner wuchtigen, weit in die Limmat hinausragenden und mit Wasserrädern bestückten Mauer, war es Ein- und Ausgang des wichtigsten Verkehrswegs, würdiger Abschluss des rechtsufrigen Stadtteils.

Die Limmat, noch nicht durch die unglückliche Freie-Limmat-Initiative ihrer gewerblichen Pfahlbauten beraubt, war damals eine Gegend emsigen Betriebs. Die beiden Mühlestege mit ihren eng aneinandergeschmiegten Bauten sorgten für Verbindung zwischen den beiden Ufern. Oberhalb des «Langen Stegs» waren die sauberen Gewerbe angesiedelt, Müller und Bäcker zum Beispiel; unterhalb des Stegs durften die Gerber das Wasser verschmutzen. An das «Gedeckte Brüggli» mit seinen Stromschnellen zwischen Papierwerd und Waisenhaus mag sich noch mancher mit Wehmut erinnern.

Die Augustinergasse

Durch ein wuchtiges Tor, flankiert von zwei hohen Türmen, ist um 1800 der Eingang zur Augustinergasse markiert. Eine hölzerne Brücke setzt über den Fröschengraben hinweg und stellt die Verbindung her mit dem Land zwischen Stadtmauer und Schanzen, einer begehrten Wohnlage.

Die Augustinergasse hat das Typische von damals – die gebogene Häuserzeile zwischen Tor und St. Peter – bis heute fast unverändert bewahrt. Auch die Intimität dieses Quartiers mit seinen kleinen Läden, Boutiquen und Beizen spürt man noch immer; erstaunlicherweise, denn die geschäftige Bahnhofstrasse mit ihren wuchtigen Bankpalästen ist ja nur ein Steinwurf davon entfernt. An der Ecke steht, unangepasst wie eh und je, der Glaswürfel des PKZ-Hauses. Er passt in seine steinerne Umgebung wie ein schwarzer Stiftzahn in ein Gebiss.

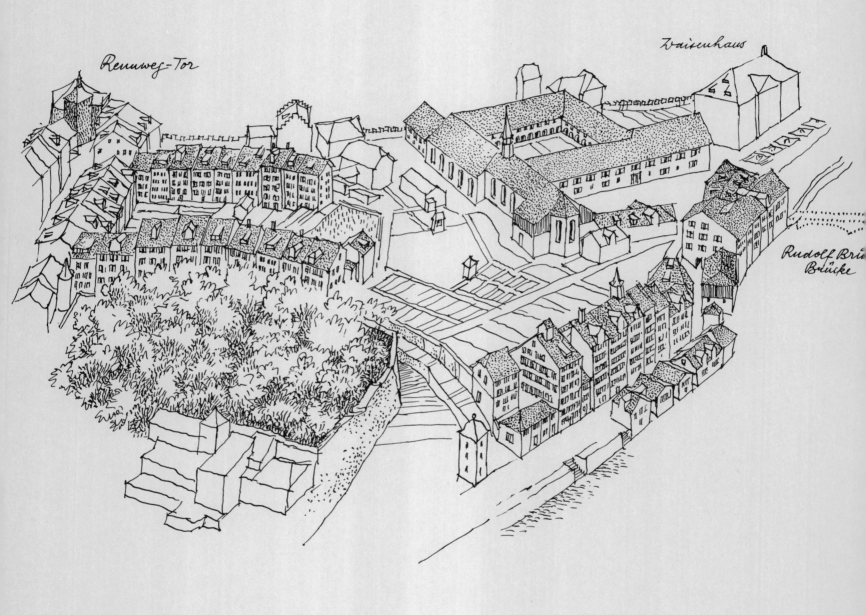

Schipfe und Oetenbachquartier

Aufgerichtet über der labyrinthischen Unterwelt des Parkhauses Urania, gewährte der Kran dem Zeichner Einblicke in die reich gegliederte Häusergruppe beim Lindenhof. Im Hintergrund ragt die Sternwarte in den sternlosen Himmel. Da, wo heute die Amtshäuser sich um die Uraniastrasse gruppieren, durch eine Brücke miteinander verbunden, stand einst das Frauenkloster Oetenbach. Über die Fundamente des 1902 abgebrochenen Klosters braust der Verkehr nun vierspurig von der Bahnhofstrasse über die Rudolf-Brun-Brücke zum Seilergraben.

Die Schipfe und der Lindenhof haben die letzten hundert Jahre glimpflich überstanden; mit Glück, denn nur die Ungunst der Zeit um den Ersten Weltkrieg hat verhindert, dass die Schipfe ganz und der Lindenhof teilweise einem ambitiösen Jugendstil-Projekt des damaligen Stadtarchitekten Gull geopfert wurde.

Fröschengraben mit Kratzturm vom See her

Die Bahnhofstrasse geb. Fröschengraben

Sie ist beileibe nicht die einzige Bahnhofstrasse oder Rue de la Gare in der Schweiz. Aber keine hat so viele duftende Lindenbäume, derart exklusive Geschäfte, so unerschwingliche Bodenpreise, und vor allem: keine sonst hat es als Sitz der Gnomen zu Weltruhm gebracht. Die Zürcher lieben diesen weltstädtischen Akzent, der das Lokalkolorit doch nicht verleugnet. Und immer wieder berührt den Flanierenden, sei er fremd oder einheimisch, diese plötzliche Öffnung zu Weite und Helle – zum See und zu den Schneebergen hinter dem See.
Die Bahnhofstrasse ist noch nicht sehr alt. Dem Lauf des Fröschengrabens entlang der Stadtmauer folgend, das quakende Gewässer überdeckend, war das neue Prunkstück 1867 fertiggestellt. Sie musste, wie es sich für Strassen dieses Rangs geziemt, schnurgerade sein; und darum standen der Kratzturm und der Baugarten im Weg. Nach leidenschaftlichen Diskussionen fiel dieser schönste Aussichtspunkt der Stadt und Wahrzeichen des Kratzquartiers der Spitzhacke zum Opfer. Das Kratzquartier, als Wohnort des Henkers von anständigen Leuten erst gemieden, dann als idyllischer Ort entdeckt, musste später den Stadthausanlagen weichen.

Das Rennweg-Bollwerk 1521–1865

Dort, wo heute elegante Schuhe und englische Bücher angeboten werden, wo das Haus zur Trülle seinen bizarren Turm zum Himmel reckt, stand einst das Rennweg-Tor, ihm vorgelagert das Rennweg-Bollwerk; es galt als wichtigstes Element der alten Stadtmauer. Nachdem Mauern und Schanzen als Requisiten einer vergangenen Zeit, als nicht mehr taugliche Sicherheitsgaranten in Ungnade fielen, hatte auch die letzte Stunde für das Rennweg-Bollwerk geschlagen. Es wurde, nachdem es seinen Zerstörern einen legendären Widerstand entgegengesetzt hatte, 1865 dem Erdboden gleichgemacht. Nun lebt es nur noch in Schulbüchern weiter, die von der geistesgegenwärtigen Pförtnerin berichten, die im letzten Moment das Fallgitter vor dem anstürmenden Feind niederrasseln liess.

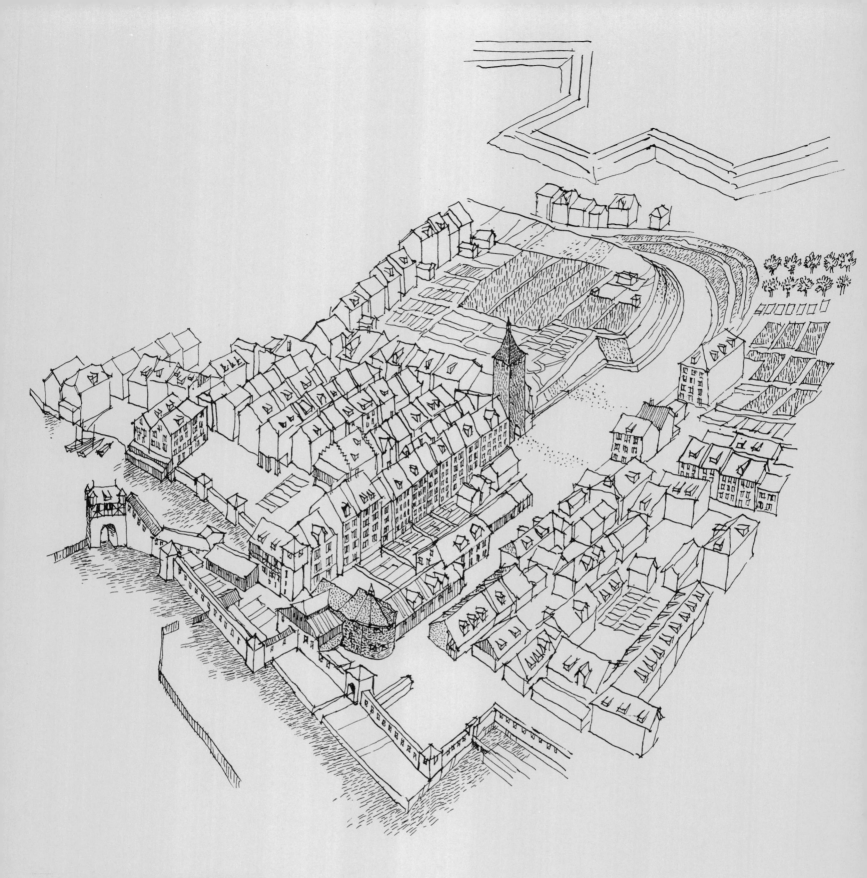

Zwischen See und Schanzen

Beim heutigen Bellevue sah es früher ganz anders aus. Die Rämistrasse nannte sich Kühgass, ein sinnvoller Name, denn sie mündete in den «Viehmarkt» vor dem Oberdorftor. Von diesem Tor bis zum See drängte sich ein Dutzend fünf- und sechsstöckiger Häuser, die höchsten im alten Zürich. Nach einem kurzen Wegstück westwärts befand man sich schon ganz auf dem Land, in Stadelhofen, inmitten von Wiesen und Weinbergen.

Der Eingang zur Stadt vom See her war mit Palisaden, Mauern, Bollwerk und Seetor stark befestigt. Die Bauschanze, bestückt mit zehn Kanonen, unterstützte die Verteidigung. Auf der Hohen Promenade sind die Festungswälle zu erkennen, an die noch heute die Schanzengasse erinnert. Den Schanzen aus dem 17. Jahrhundert, mit Löwen-, Bären-, Katzen- und Paradies-Bollwerk, mit Niederdorf-, Sihl- und Kronen-Porte, war nur noch ein kurzes Sein beschieden. Sie wurden, zusammen mit dem Wellenberg, in den dreissiger Jahren des 19. Jahrhunderts abgetragen. Mit Hacke und Schaufel und grimmiger Entschlossenheit.

Das Bombachgut

Linker Hand, vor der Endstation Frankental der Tramlinie 13, ragt ein Hochhaus über die Kronen alter Bäume: das Krankenheim Bombach. Unter seinen Fundamenten liegt seit dreissig Jahren das Bombachgut. Bevor es 1961 abgebrochen wurde, hatte es uns noch zehn Jahre glücklichen Wohnens beschert.

1668 erscheint der Name Bombach erstmals in einer Chronik. Ein von Schulden geplagter Bauer brachte sein «neuw erbauwene Behausung und Hofstat samht aller Zubehörth und einer Trotten darin» zur öffentlichen Versteigerung. Einem Betuchten aus der Stadt gefiel die sonnige Terrasse über der Limmat. Er kaufte das Gut und errichtete neben dem Pächterhaus ein stattliches Herrenhaus. Im 17., 18. und 19. Jahrhundert besassen manche wohlhabende Stadtbürger solche Landgüter; sie dienten ihnen als Sommersitz, denn die Flucht hinaus in die Natur war schon damals üblich und wurde von Poeten als Quelle des Glücks gepriesen.

Das Bombachgut ist durch viele Hände gegangen; sogar eine baltische Baronin residierte dort. Ihr hatte man einen anmassenden Backsteinanbau zu verdanken, der hinterher von einer Glyzine gnädig überwuchert wurde. Doch als dann von einem spätern Pächter in einem kalten Winter die prächtige Hausorgel verheizt wurde, war das wohl ein Zeichen, dass dem Bombachgut keine glanzvolle Zukunft mehr bevorstand. Im Jahr 1946, nachdem die Emigranten des Zweiten Weltkriegs das Haus verlassen hatten, kaufte es die Stadt für eine Million, nicht zu viel für den riesigen Park mit seinen alten Bäumen und seiner Aussicht, die eines noblen Landsitzes würdig waren. Von nun an hing das Damoklesschwert des Abbruchs über dem Bombachgut.

Es habe kaum mehr Sinn einzuziehen, wurde den Einwohnern der letzten Runde bedeutet, das Haus könne morgen schon abgebrochen werden. Diese gemischte Gesellschaft würde man heute wohl Wohngemeinschaft nennen. Da waren eine Musikerfamilie mit Ballettschule, ein Grafiker mit Familie, der Maurer Giovanni mit seiner Frau Amabile, die Puppenfee Trudi, Ursulina, die innerschweizerische und Orsolya, die ungarische Musikstudentin, der Geisshirt Juan und viele Kurz- und Langaufenthalter. Auch Illegale gab es, Landstreicher, die mit geheimnisvollen Kreidezeichen am Tor darauf aufmerksam gemacht wurden, dass es sich im Heustock gut übernachten liesse. Hund und Katz, Geissen und Schafe, Hühner und Enten, und im Stall ein weisses Pferd ergänzten die Besatzung.

«Los Bombacheros» nannten wir uns spasseshalber. Von der Umgebung wurden wir nicht so ganz ernst genommen, man lebte halt unschweizerisch, ging zu spät ins Bett und stand zu spät auf. Achtzig Franken im Monat kostete uns das Pächterhaus. Nicht viel für sechs Zimmer, aber man hatte recht viel in Kauf zu nehmen: Büscheliheizung, Butagas, Waschzuber statt Badezimmer, Neuschnee in den Gängen, Mäuse im Kasten und Siebenschläfer in der Stubendecke. Alles war verlottert und vergammelt, doch immer noch erinnerten ein zweiröhriger Brunnen, eine verrostete Fasanerie und ein Ballsaal mit Stukkaturdecke an vornehme Vergangenheit. Unzumutbar alles, aber ein Paradies.

Mit Wehmut denken wir an die uralten, mit Efeu überwucherten Bäume, an all die unerforschten Gebiete im grossen Park und an die blühenden Bäume am Abhang zur Limmat. Poesie aus anderer Zeit. Eines Tages ragten himmelhohe Visierstangen über die Bäume empor, Männer mit Plänen erschienen auf dem Hof und es musste ausgezogen werden. Wir brachten es nicht übers Herz, dem Untergang des Bombachguts zuzuschauen.

Gartenseite der Trittligasse

Auf der Dachzinne des Schulhauses an der Waldmannstrasse hat man diese überraschende Sicht auf die malerische Häuserzeile der Trittligasse. Von den alten Bäumen der Winkelwiese fällt das Terrain in Terrassen zur Oberdorfstrasse ab und gibt Raum für zauberhafte Gärten, versteckte Häuschen und einen Rokoko-Pavillon. Die Wiese im Vordergrund, mit den Obstbäumen und Rosenspalieren, lässt nicht ahnen, dass die Rämistrasse hundert Meter weiter vorne dem Idyll ein brüskes Ende setzt.

Affolterns Vergangenheit und Zukunft

Das Bauerndorf Affoltern, unweit des Katzensees, wurde 1934 eingemeindet. Vierzig Jahre später stehen noch immer Scheunen und Bauernhäuser, die versuchen, einen Rest dörflicher Identität zu bewahren. Aber im Hintergrund drängen vielgeschossige Wohnblöcke ungestüm nach vorne, bereit, den Boden zu erobern. Auf der Anhöhe markieren Kräne den Bau der ETH Hönggerberg.

Albisrieden

Dörfliches in der Stadt

1893 wurde Wiedikon im Rahmen der «Kleinen Eingemeindung» mit der Stadt verschmolzen; als Zürich 1934 mit der «Grossen Eingemeindung» die Kreise noch weiter zog, war es auch um Albisrieden geschehen. Zürich zählte nun vierhunderttausend Einwohner, Albisrieden und Wiedikon waren keine Dörfer mehr, sondern Quartiere. Sie konnten zwar das Bild der Stadt nicht wesentlich prägen, versuchten aber doch, noch etwas von ihrer Identität zu retten.

Überraschend viel vom einstigen Dorfcharakter ist in Albisrieden erhalten geblieben, zum Beispiel die Häusergruppe um die Kirche. Etwas verlorener und museumshafter im Schatten der neuen Bauten sind in Wiedikon das Ortsmuseum, die Häuserzeile an der Zweierstrasse, das Bethaus und das Vögelihaus.

Wiedikon

Platzspitz

Zwischen Bahnhof und Escher-Wyss-Platz

am Rindermarkt

Die Dachterrassen, auch Zinnen genannt

Vor den Zeiten der Waschmaschinen und Tumbler waren in den Altstadthäusern die Waschküchen im obersten Stockwerk angesiedelt, und die Zinnen hatten dem prosaischen Zweck des Wäschetrocknens zu dienen. Dort hinauf schleppte die geplagte Hausfrau die Wäschezaine und liess turnusgemäss Hemden, Unterhosen, Blusen, Nastücher, Röcke, Socken und anderes nicht allzu Intimes im Wind flattern. Später hat man die Dachterrassen für Edleres erschlossen. Man entdeckte den ungeahnten Reiz, hoch über den Dächern Sträucher und Blumen zu begiessen, Liegestühle aufzustellen, Schirme zu entfalten, sich der Sonne hinzugeben, Würstchen zu braten und eine gute Flasche zu entkorken. Wenn dann in einer lauen Sommernacht noch der Vollmond aufgeht, die Silhouette des Grossmünsters schwarz und schweigend gegen den Nachthimmel steht – ja, dann möchte man in diesem Moment nirgends sonst auf der Welt zuhause sein.

Stüssihofstatt

Neumarkt

Die Brunnen

Mancherlei Brunnen gibt es in Zürich, steinerne grosse und gusseiserne kleine, auf Plätzen dominierende und in Ecken vergessene, in Prospekten gepriesene und niemals erwähnte, von Touristen bestaunte und nur von Hunden geschätzte. Niemand möchte sie missen, denn ihr Plätschern wirkt beruhigend und ist sich seit Jahrhunderten gleich geblieben.

Zwei Brunnen haben geschichtliche Ereignisse zum Thema: die weibliche Figur auf der Säule des Lindenhofbrunnens erinnert an die geharnischten Frauen, die vor siebenhundert Jahren feindlichen Kriegern das Fürchten beigebracht haben. Die andere Figur stellt den Bürgermeister Rudolf Stüssi dar, der im Krieg gegen die Eidgenossen, den er vom Zaune gebrochen hatte, auf der Sihlbrücke den Heldentod fand. Auf der bemalten Brunnensäule blickt er nun auf der Stüssihofstatt trutzig ins Weite.

Das vierteilige Brunnenbecken stand einst auf dem Münsterhof und war Bestandteil eines grossartigen Brunnenspiels, das aber mangels ausreichenden Wasserdrucks nie funktionierte und zum Gespött des Volks im In- und Ausland wurde.

Der achteckige Brunnen auf dem Neumarkt hiess bis vor kurzem Jupiterbrunnen; die Brunnenfigur war aber nicht mehr zu retten und musste ersetzt werden. Die Bildhauerin Barbara Roth schuf eine neue Figur zu einem aktuellen Thema: l'étranger, der Fremde, heisst die bedeutungsschwere Skulptur.

Auf dem kleinen gepflasterten Platz zwischen Neustadt- und Frankengasse verbreitet der Niklausbrunnen eine ruhig-heitere Stimmung – trotz der Rute in der Hand und dem Kind zwischen den Beinen. Als Kinderschreck dürfte er nicht mehr taugen.

Talacker

Bahnhofstrasse

Selnau

Alt und neu

Stein gegen Glas und Metall – Jahrhunderte stossen brüsk aneinander, wie hier am Talacker, an der Bahnhofstrasse und in Selnau. Selbstbewusst, von Bescheidenheit nicht angekränkelt, drängen die neuen Bauten die alten in die Defensive. Doch oft entsteht, fast wider Erwarten, gegenseitige Anregung und freundliche Koexistenz. Die alten Häuser, Repräsentanten vergangener Epochen, sind heute nicht mehr ärgerliche Hindernisse, wie zu den Zeiten des Jugendstils und des Neuen Bauens; Atmosphäre wird wieder geschätzt und angestrebt.

Rosenhof

Märkte

Von Liften und Rolltreppen unablässig aufwärts und abwärts befördert, von diskreter Musik berieselt, pulsieren die Konsumentenströme in den fensterlosen, klimatisierten und neonbeleuchteten Shoppingcenters, freudig bereit, der Versuchung nachzugeben.

Auf dem Rosenhof schlendern Kauflustige zwischen Ständen und Marktschirmen und interessieren sich für Handwerkliches, Exotisches, Skurriles, Farbenfrohes, Nützliches und nicht so Nützliches, Reizvolles, wenn auch nicht unbedingt Nötiges.

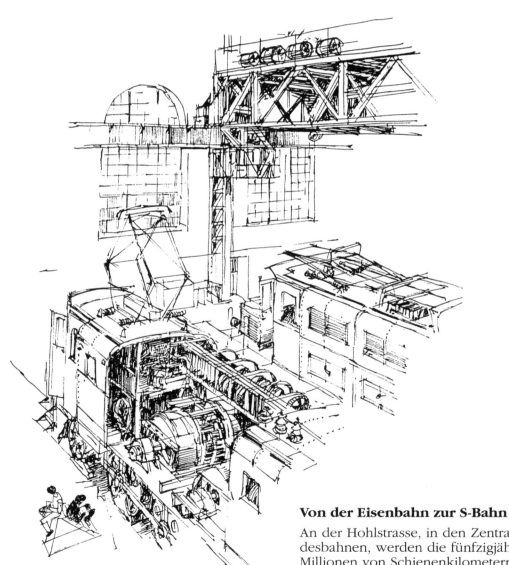

Von der Eisenbahn zur S-Bahn

An der Hohlstrasse, in den Zentralwerkstätten der Bundesbahnen, werden die fünfzigjährigen Lokomotiven nach Millionen von Schienenkilometern revidiert, dann wieder auf die Reise geschickt. Eindrückliches Recycling! Unterdessen wird eine neue Generation Lokomotiven konstruiert – schnelle, farbige, zweistöckige. Und beim Hauptbahnhof, tief unter dem Flussbett der Limmat, entsteht der Tunnel für die S-Bahn-Linie nach Stadelhofen und weiter nach Rapperswil.

Unterwelt in Stadelhofen

Allerlei kuriose Raupenvehikel und saurierhafte Ungetüme sind emsig damit beschäftigt, das Material zwischen den eisernen Pfeilern herauszugraben und wegzuschaffen. Ein neues Baukonzept ermöglichte eine überraschend kurze Bauzeit für die S-Bahn-Station Stadelhofen. Das schlichte, klassizistische Bahnhofgebäude darf weiterhin bestehen, wird aber mit einer dynamischen Betonarchitektur konfrontiert.

A propos Kultur

Schaut man vom Uetliberg auf das schimmernde Häusermeer zwischen See und Limmattal, ist man geneigt, Zürich als Grossstadt zu bezeichnen; doch Zürich ist keine, denn dreihundertsechzigtausend Einwohner reichen nur zu einem bescheidenen Mittelfeldplatz unter den europäischen Städten. Betrachtet man Zürich aber als Zentrum einer von anderthalb Millionen Menschen dicht besiedelten Region, dann hat die Stadt einen andern Stellenwert. Das kulturelle Angebot ist reichhaltig, farbig und keineswegs provinziell. Bekannt als Drehscheibe für Tätigkeiten aller Gattung, ist Limmat-Athen eben auch Kreuzpunkt kultureller Strömungen.

«Ich habe mich immer wieder von neuem überzeugt, dass von der Welt der schönste Teil Europa, von Europa das glücklichste Land die Schweiz, und von der Schweiz für den gebildeten Mann der angenehmste Aufenthalt Zürich ist.» Ein bekannter und

weitgereister Mann – zur Gattung «Very Important Person» würde er heute gehören – hat diese Meinung vor hundert Jahren geäussert. Nicht minder begeistert über das kulturelle Klima in Zürich war Richard Wagner, der als Gast in der Villa Wesendonck hier glückliche und kreative Jahre verbrachte: «Für die Annehmlichkeiten des hiesigen Aufenthaltes habe ich gar keine Worte; in Paris hatte ich vollständig Schweizerheimweh.»

Seither ist viel Wasser die Limmat hinuntergeflossen. Zürich und die Welt haben sich gründlich verändert.

Sind solche überschwenglichen Komplimente noch immer am Platz? Der Kulturfan von heute wird sie lächelnd und ein wenig verlegen entgegennehmen, zugleich aber auf Gegenwärtiges hinweisen: die Museen und Sammlungen, das Opernhaus und das Tonhalle-Orchester, das Schauspielhaus und die kleinen Theater, die hundert Galerien und last but not least die achtunddreissig Lichtspieltheater, auch Kinos genannt.

Probe im Theaterkeller

Zürich hat eine Institution, um die es von manchen Städten beneidet wird: die Präsidialabteilung, residierend im Stadthaus. Sie ist als Sauerteig, als Impulsgeberin im städtischen Kulturleben gedacht und mit viel Freiraum für Initiative ausgestattet. Sie ist für Helmhaus, Strauhof, Theater am Hechtplatz, Theaterspektakel, Jazzfestival, Filmpodium-Kino und die Junifestwochen verantwortlich, sie kann Ausstellungen, kulturelle Veranstaltungen und Feste in Szene setzen. Je nach Budget ist die Leine kürzer oder länger.

Kann man das kulturelle Interesse einer Stadt messen, so wie man den Gehalt des Weins mit Öchslegraden erfasst? Kann man die Kultur einer Stadt mit Punkten bewerten, ausrechnen, ob es der grössten Schweizerstadt auch zum obersten Podestplatz reichen würde? Da gäbe es zum Beispiel diese aufschlussreiche Frage zu beantworten: «Wieviel Geld ist Zürich seine Kultur wert?» Eine Erhebung aus jüngster Zeit, die jährlichen Leistungen der Stadt für kulturelle Zwecke betreffend, gibt uns Antwort: Nettoleistungen: Zürich 87 Millionen (Basel 63, Bern 24, Genf 32, St.Gallen 14). Nettoleistungen pro Kopf: Zürich 253 Franken (Basel 368, Bern 175, Genf 194, St.Gallen 188). Anteil «Kultur» an den gesamten Ausgaben: Zürich 3,5% (Basel 4,4%, Bern 3,1%, Genf 6,1%, St.Gallen 4,5%). Leistungen, aufgeteilt nach Kulturbereichen: Theater/Musik 64%, Museen/Galerien 13%, Bibliotheken 10%, Denkmalpflege 8%. Dreiviertel der Gesamtausgaben entfallen demnach auf die Positionen Theater, Musik und Museen.

Aufschlussreiche Zahlen, beunruhigend die Feststellung, dass der Rotstift der Sparmassnahmen in den letzten, mageren Jahren das Erreichte zu bedrohen beginnt. «Zürich muss sich vorsehen, dass es seine Qualitäten nicht aufs Spiel setzt. Ohne dass die Stadt empfindlich an geistiger Belebung und Auseinandersetzung, an Lebensqualität, aber auch an Standortvorteilen gegenüber andern Städten verliert, kann das Kulturbudget nicht weiter zusammengestrichen werden», warnt Stadtpräsident Josef Estermann. Recht hat er.

Ballet im Hallenstadion

Tonhalle und Kongresshaus

Auf dem heutigen Sechseläuten-Platz stand einst die alte Tonhalle, ein bescheidenes Gebäude, das nicht verleugnen konnte, dass es von einer Warenhalle abstammte und darum dem aufstrebenden Zürich nicht mehr genügte. Die neue Tonhalle, der Stolz der Stadt, wurde 1895 am Alpenquai eingeweiht. Es war ein Prachtbau, voll wuchernder Formen, flankiert von zwei schlanken Türmen und umgeben von einem Terrassengarten. Über die Landesgrenzen hinaus gerühmt wurde die Akustik des Grossen und Kleinen Tonhallesaals. Diesem Umstand haben es die beiden Säle zu verdanken, dass sie überlebt haben. Der repräsentative Hauptteil der Tonhalle existierte nur etwas länger als vierzig Jahre und musste dann dem Kongresshaus weichen, das just zur Landesausstellung 1939 bereitstand.

Das Kongresshaus hat vielen Zwecken gerecht zu werden: Kongresse, Messen, Ausstellungen, Konzerte, Restaurationsbetrieb und Veranstaltungen aller Gattung. Kein Wunder, dass es an einer architektonischen Identitätskrise leidet!

Das Kunsthaus

Architektonisch gesehen besteht das Kunsthaus aus drei Häusern: das 1910 von Karl Moser gestaltete Jugendstilgebäude, der Grosse Ausstellungstrakt von 1958, auch Bührle-Trakt genannt, und der Erweiterungsbau von 1976. Jedem dieser Gebäude ist eine Aufgabe zugedacht. Das Jugendstilgebäude beherbergt in Zimmern, Sälen und Hallen die Kunst des 19. und 20. Jahrhunderts, der Erweiterungsbau präsentiert die Nachkriegskunst, zum Beispiel die Stiftung Alberto Giacometti; der Ausstellungstrakt mit seinen fast unbeschränkten Variationsmöglichkeiten hat die Wechselausstellungen, für die Zürich berühmt ist, zu bewältigen. Erstaunlich, wie sich der Raum jedesmal, dem Stil der Ausstellung entsprechend, verwandeln lässt, handle es sich nun um feine Miniaturen oder um die eisernen Saurier von Tinguely oder Luginbühl.
Im Freien wird man von den Skulpturen von Moore, Lipschitz und Marini, von der dynamischen «Fanfare» Robert Müllers und dem lautlos über den Köpfen wiegenden Mobile Calders empfangen, und neben dem Eingang zelebriert Auguste Rodin sein «Höllentor».

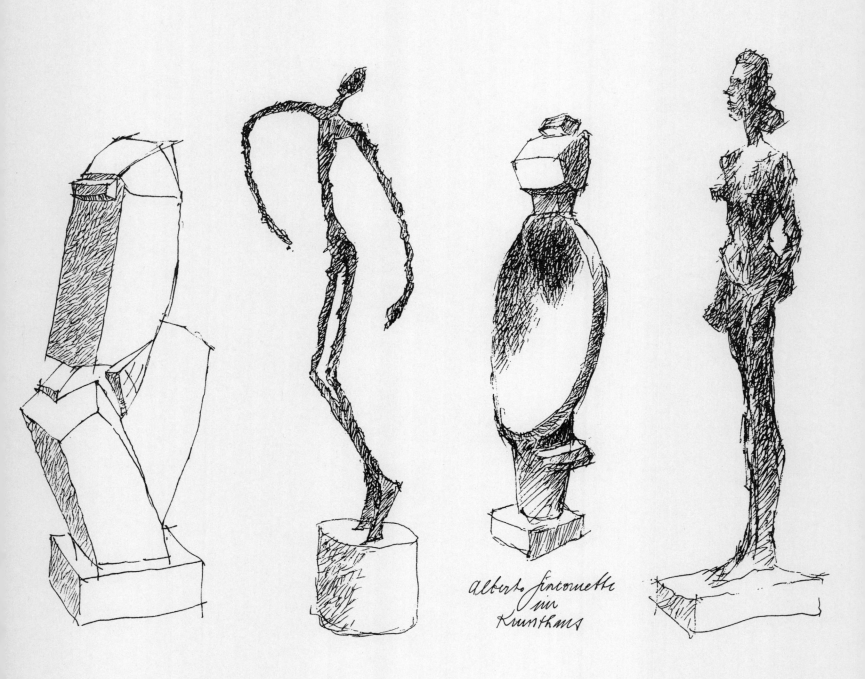

Alberto Giacometti im Kunsthaus

Wallis 1360   graubünden 1280   Wallis 1220   Wallis 1180

Das Landesmuseum

Der rasche Wandel im 19. Jahrhundert weckte die Sehnsucht nach einer anschaulichen Darstellung der nationalen Geschichte, von den Keltengräbern und Pfahlbauten bis zur Neuzeit. Zuerst musste die Frage des Standorts abgeklärt werden, für den sich Zürich, Bern, Basel und Luzern empfahlen. Fast schien es, als ob die kühne Idee an der alten Eifersucht zwischen Zürich und Bern scheitern würde. Nach hartem Ringen zwischen National- und Ständerat schwang Zürich obenaus, «als ein Mittelpunkt von Handel, Industrie und Wissenschaft sei es zur Aufnahme des Landesmuseums am besten geeignet».
Das vom Stadtarchitekten Gull entworfene und 1897 eröffnete Landesmuseum fand begeisterten Beifall: ein konturenreicher, vielgliedriger Komplex, einer mittelalterlichen Schlossanlage mit Höfen und Türmen nachempfunden, neugotisch angehaucht. Das Herzstück war die Waffenhalle, als Weiheraum gedacht, geschmückt mit Hodlers Marignanobild, gefüllt mit Fahnen, Waffen und Kanonen; man wollte die nationale Identität beschwören.

Nach 1950 vollzog sich ein Wandel im Ausstellungsstil. Ein frischer Wind wehte durch die heiligen Hallen. Nüchtern und klar dargeboten, kam das Ausstellungsgut in einer überraschenden neuen Art zur Geltung. Das Landesmuseum hatte keinem falschen Pathos mehr zu dienen.

Die hölzernen Madonnen aus dem Wallis und Graubünden vertreten auf eindrückliche Weise die Zeit vor und kurz nach der Gründung der Eidgenossenschaft. Der Glaube scheint damals einfacher und klarer gewesen zu sein als heute, «nicht von des Gedankens Blässe angekränkelt».

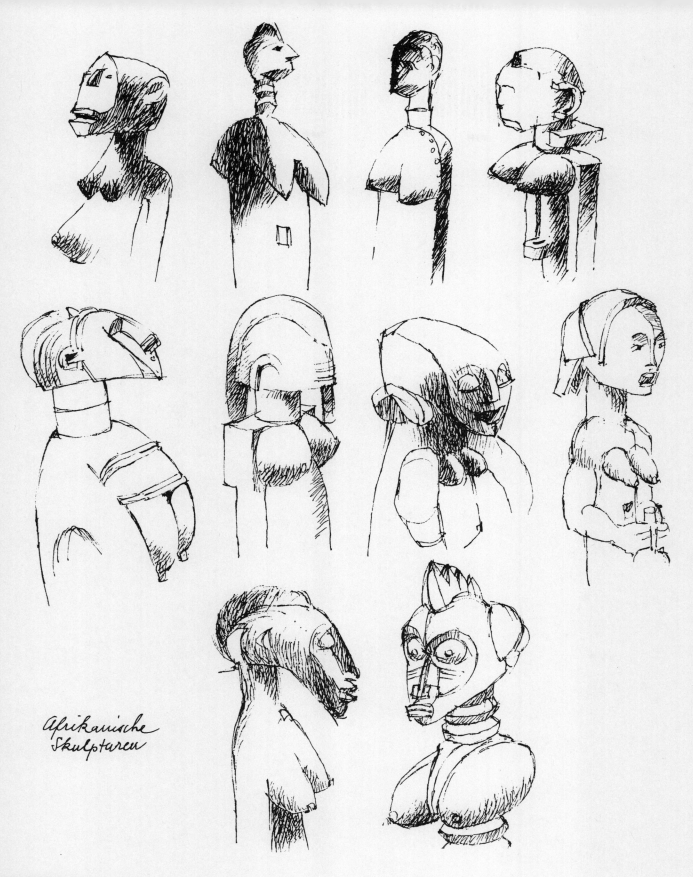

Afrikanische Skulpturen

Museum Rietberg

1850 liess der rheinische Kaufmann Otto Wesendonck auf dem Grünen Hügel in der Enge eine neoklassizistische Villa erbauen; seine strahlende Gattin Mathilde machte sie bald zum kulturellen und gesellschaftlichen Mittelpunkt Zürichs. Alles, was Rang und Namen hatte, versammelte sich hier: die Professoren der noch jungen Hochschulen und der grosse Animator Alfred Escher, Dichter, Schriftsteller und Musiker; Franz Liszt verweilte zu kurzen, Richard Wagner zu langen Besuchen. Kurz vor dem Ersten Weltkrieg stieg Kaiser Wilhelm II hier ab.

Später wurde es stiller in diesem vornehmen Haus im grossen Park. 1952, nachdem Eduard Baron von der Heydt der Stadt seine weltberühmte Sammlung geschenkt hatte, wurde die Villa in ein Museum für aussereuropäische Kunst umgestaltet, dem einzigen dieser Art in der Schweiz. Im Museum Rietberg, 1985 erweitert, sind bedeutende Kunstwerke aus China, Japan, Indien und Afrika, sowie Meisterwerke der Kunst Ozeaniens, Südostasiens und des präkolumbischen Amerika ausgestellt. Aussenstation ist das «Haus zum Kiel», beim Kunsthaus.

Museum Bellerive

Seeaufwärts, unweit des Zürichhorns und schräg vis-à-vis des letzten Bauwerks von Le Corbusier, liegt unter alten Bäumen das Museum Bellerive. Es ist in einer 1931 errichteten Privatvilla untergebracht, die sich der prachtvollen Lage an der Seepromenade wegen «Bellerive» nannte. In Ausstellungen werden die Schwerpunkte der Sammlung beleuchtet: künstlerisch gestaltete Objekte aus Textilien, Keramik, Metall und Glas, vom Jugendstil bis zur Gegenwart. Aktuelle und historische Strömungen des Kunsthandwerks werden sichtbar gemacht. Musikinstrumente und eine einzigartige Marionettensammlung des 20. Jahrhunderts runden den reichen Sammlungsbestand ab.

Helmhaus

Strauhof

"Palette" Galerie und Werkstatt

Helmhaus, Strauhof und hundert Galerien

Angebaut an die Wasserkirche, bei der Münsterbrücke wuchtig seine Präsenz markierend, steht das Helmhaus, in früheren Jahren stadtbekannt als Konditorei Hegetschweiler. Die Präsidialabteilung veranstaltet in den hellen, hohen Räumen jährlich etwa sechs grosse und viele kleinere Ausstellungen zum Thema «Zeitgenössische Zürcher und Schweizer Kunst». Als arriviert kann gelten, wer es hier zu einer Einzelausstellung bringt.
Der Strauhof, in der verwinkelten Altstadt hinter der Augustinerkirche, steht ebenfalls unter der Regie der Präsidialabteilung. In diesem aus dem Jahr 1772 stammenden Haus werden in sechs stimmungsvollen Räumen Wechselausstellungen zu den verschiedensten Themen gezeigt. Goethe und Lavater waren hier schon zu Gast, auch Rilke und Tucholsky, und James Joyce hat sogar sein eigenes Stockwerk zugewiesen bekommen.

Gegen hundert Galerien gibt es in Zürich. Sie versuchen auf mannigfachste Art Vermittler zwischen Künstler und Betrachter zu sein, diese zu beraten und zu Interessenten zu veredeln. Die Galerien vertreten «ihre» Künstler, sammeln, kaufen und verkaufen, führen Ausstellungen durch, editieren Kataloge und zeigen sich an Kunstmessen. Die Altstadt und die gediegenen Quartiere scheinen sich für ihre Räumlichkeiten am besten zu eignen.

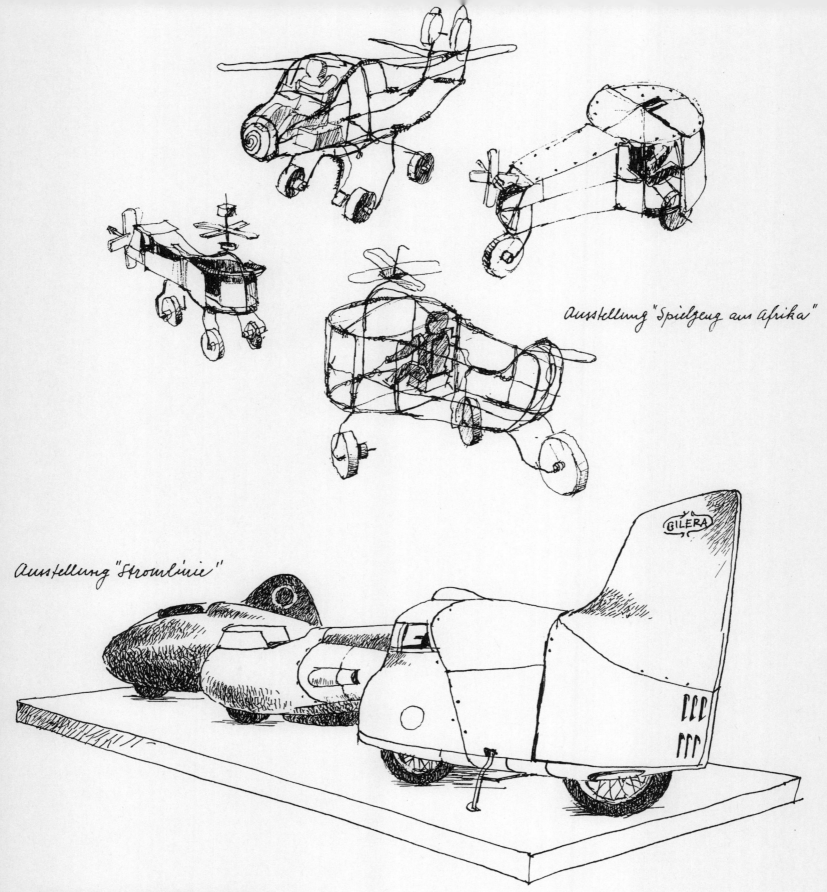

Ausstellung "Spielzeug aus Afrika"

Ausstellung "Stromlinie"

Museum und Schule für Gestaltung

Museum für Gestaltung, Schule für Gestaltung heissen die Institutionen an der Ausstellungsstrasse; bis vor kurzem gab es da noch den Begriff «Kunstgewerbe». Dieses Wort, obwohl noch immer auf der Front des Museumgebäudes, ist aber in die Jahre gekommen und mit der Zeit immer untauglicher geworden; allzuviel Geknetetes, Geflochtenes, Gewebtes und Geschweisstes wurde an Basaren und in Souvenirläden als «Kunstgewerbe» feilgeboten.
Man suchte einen neuen Sammelbegriff und fand ihn: «Gestaltung». Das Museum versteht sich als Ort breiter Auseinandersetzung mit Fragen aus den Bereichen Design, Visuelle Kommunikation, Umweltgestaltung, Kunst, Architektur, Alltagskultur, ästhetische Erziehung und Medien. Der Begriff «Gestaltung» für Schule und Museum mag jedenfalls für die nächste Zukunft tauglich sein; später wird vielleicht der Computer abermals eine Neudefinition fordern.

Zürich von Türmen und Gerüsten

Vier grosse Kirchen ragen im Zentrum von Zürich auf: Grossmünster, Fraumünster, St. Peter und Prediger. Und alle haben sie, wie es sich gehört, markante Türme, das Grossmünster sogar deren zwei. Der Predigerturm, so gotisch er sich auch gibt, ist der jüngste, der behäbige St. Peter-Turm mit dem europaweit grössten Zifferblatt, der älteste. Die Zwillingstürme des Grossmünsters haben es geschafft als Symbol Zürichs zu gelten. Nicht weil sie die schönsten wären, sondern weil es weit und breit nichts dergleichen gibt. Die schlanken Vorgänger, die besser zu dem schmal aufstrebenden romanischen Bau passten, wurden 1763 durch Blitzschlag zerstört. Etwas Überraschendes: die sandsteinfarbenen gotischen Spitzbogen sind aus Metall.

Nicht alle Türme lassen sich besteigen oder bieten gar einen Balkon an wie das Grossmünster. Der Fraumünsterturm ist unnahbar, und nur weil er 1963 eingerüstet war, gab er mir seine Aussicht preis. Ja, die Baugerüste, sie sind zwar luftig und sehr durchsichtig, in höheren Regionen verursachen sie auch ein leises Kribbeln, aber sie erschliessen Ausblicke, die es in den nächsten Jahrzehnten nicht mehr geben wird. Welch ein Gefühl, wenn man die goldene Kugel der Turmspitze, die man später hoch oben glitzern sieht, mit den Händen berühren kann!

Am gemütlichsten ist es in der Turmstube von St. Peter. Von dort aus haben in früheren Zeiten die Brandwächter über die Stadt gespäht. So schön wie da oben liegt einem Zürich nirgends zu Füssen. In den sechziger Jahren habe ich drum den verwegenen Entschluss gefasst, von dort aus ein Panorama von dreihundertsechzig Grad zu zeichnen. Das bedeutet, in allen Himmelsrichtungen aus den Fenstern zu schauen, in die senkrechte Tiefe und in die dunstige Ferne, und alles festzuhalten, soweit das Auge reicht. Nichts bleibt dem beherzten Zeichner erspart, weder Uetliberg noch Zürichberg, weder Alpenkranz noch Lochergut, weder Bahnhofstrasse noch Storchengasse. Alles was sich unter mir reckt und streckt, wartet schadenfroh, auf ein flaches Stück Karton gebannt zu werden.

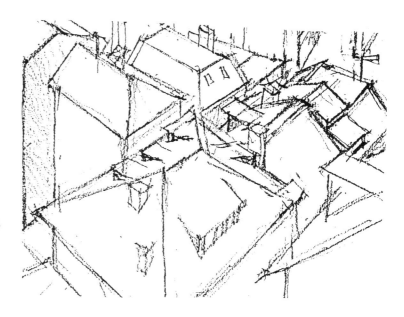

Nach vielen Skizzen lässt sich ein Konzept erahnen, und nach zähen Kämpfen mit den unbarmherzigen Gesetzen der Weitwinkelperspektive schält sich allmählich eine Form heraus. Es ist nun klar, dass die Limmat und das Grossmünster im Zentrum erscheinen wollen. Die Häuserzeilen werden nunmehr in die richtige Lage geknetet und die Proportionen aufeinander abgestimmt. Die Limmat wird noch etwas mehr gebogen, damit der Paradeplatz am richtigen Ort ist. Irgendwann, wider Erwarten, ist dann eines Tages der Rohentwurf fertig, aus Bleistiftstrichen bestehend, die unzählige Male ausradiert und wieder neu gesetzt wurden.

Jetzt kann mit der Reinzeichnung begonnen werden, auf einem sauberen Karton, zuerst mit dem Bleistift und dann mit der Feder. Links aussen beginnt das dünne Federchen zu kritzeln, und ich wage nicht an die vielen Stadtkreise zu denken, die es zu bewältigen gilt. Und erst die Ziegel auf den Dächern... Schliesslich aber ist es doch so weit: Wie durch ein Wunder sind Zürichs Häuser panoramisch gezähmt und fügen sich zu einem harmonischen Ganzen, einem Tusche-Gobelin namens «Zürich». Man hat ihn erschafft und ist froh, das nie wieder machen zu müssen.
Wenn ich heute durch die Gassen schlendere, dann grüssen mich die Häuser wie alte Bekannte. Ich weiss wie sie oben aussehen und dass hinten im Hof ein Lindenbaum steht oder ein Schreiner seine Werkstatt hat. Ich ahne, dass dieses oder jenes Haus in Zukunft renoviert werden muss, dass es ausgeweidet und seine malerische Giebelpartie durch ein baupolizeilich einwandfreies Dach mit unbedenklichen Kaminen ersetzt wird.

Aber auch dieses Dach wird Patina ansetzen und im dritten Jahrtausend seine Altersgrenze erreicht haben. Eine Stadt ist eben ein lebendiges Gebilde, Schwächeres wird von Stärkerem überwuchert, genau wie in unserem ungepflegten Garten – und im Geschäftsleben.

Auf dem Dachreiter der Predigerkirche

Ein goldener herbstlicher Schleier lag über der Stadt, und in der Spitalgasse tief unter mir waren die Stände des Martinimarkts aufgeschlagen. Falls ich die Aussicht dort oben noch festhalten wolle, dann sei es jetzt höchste Zeit; bald werde das Gerüst abgebrochen, hatte der Architekt mir gesagt.
Ganz ohne Herzklopfen schaffte ich den Aufstieg nicht, denn nach der einsamen Dachdeckerleiter auf dem Dach des Kirchenschiffs waren noch zehn durchsichtige Treppen, mit freier Sicht nach unten, bis zur goldenen Kugel des Dachreiters zu bewältigen. So schlank war dort oben das Türmchen, dass man es mit beiden Händen umfassen konnte – und so elastisch, dass es sachte im Wind schwankte.
Oder war es am Ende das Gerüst? Nein, versicherte der Bauführer, es sei der Dachreiter, und so bin ich noch ein zweites und drittes Mal hinaufgestiegen. Die Aussicht war des Zeichnens wert; solch einen Blick kann man nie mehr auf die Altstadt werfen.

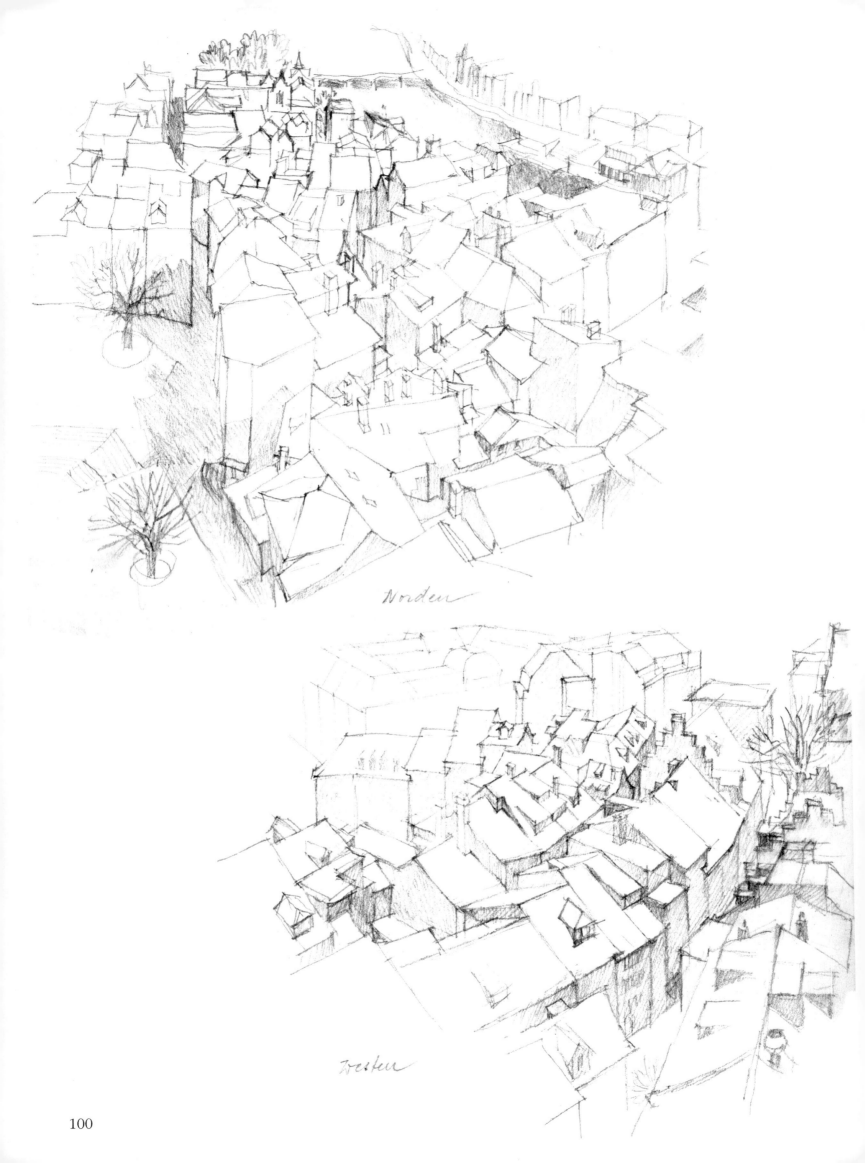

Panorama der Stadt Zürich vom St. Peter

Vor genau hundert Jahren hat der Brandwächter vom Turm der St. Peterskirche aus zum letzten Mal die Feuersignale gegeben. Das Telefon, atemberaubende Neuigkeit damals, hatte ihn dann plötzlich überflüssig gemacht. Seither ist die Wächterstube leer, nur ein paar vergilbte Fotografien erinnern an den letzten Bewohner.

An Betrieb dort oben fehlt es aber seither nicht. Schulkinder, Kulturbeflissene, Pensionierte und Touristen möchten doch einmal im Leben die Stadt von oben betrachten, vom schönsten Standpunkt aus und rundherum.

Betrachtet, studiert, skizziert, konstruiert und gezeichnet habe ich diese Rundsicht von dreihundertsechzig Grad aus allen vier Turmfenstern. Schwieriger war es als ich mir vorgestellt hatte, und alle perspektivischen Erfahrungen, gespeichert in meinem Hirncomputer, mussten aktiviert werden. Schliesslich war es aber doch da, das «Panorama der Stadt Zürich vom St. Peter», 1967 gedruckt, herausgegeben von Hans Rohr und später vergriffen.

Blick von Nordwesten bis Nordosten

Ein Weitwinkelblick von hundertachtzig Grad erschliesst uns Zürich von der St. Peter-Hofstatt bis hinaus zu Milchbuck, Käferberg und Limmattal, von der Bahnhofstrasse bis zu den Hochschulen. Die St. Peter-Hofstatt, umrahmt von alten Häusern, mit einer weitausladenden Linde in der Mitte, ist ein Ort der Ruhe und Besinnlichkeit.

Ein unseliges Projekt um die Jahrhundertwende, St. Peter-Durchstich nannte es sich, wollte eine schnurgerade Verbindung zwischen Rathaus und Bahnhofstrasse schaffen, ungerührt eine Furche durch diesen bezaubernden Teil der Altstadt pflügend. Dieses Projekt ist, den Stadtheiligen sei's gedankt, Papier geblieben.

Blick von Südosten bis Südwesten

Schaut man auf dem Turm durch das Südfenster und das Westfenster, dann hat man die andere Hälfte der Rundsicht vor sich: vom Zürichberg zum Uetliberg, von der Rathausbrücke bis zum Paradeplatz, von der Schlüsselgasse bis zum Alpenkranz.
Die Limmat, zum See hin immer heller, glitzert wie eh und je zwischen den Altstadthäusern, doch sonst hat sich seit 1967 einiges geändert: die alte Rathausbrücke ist einer neuen, breiteren gewichen; das Hotel St. Peter im Vordergrund hat einem Geschäftshaus Platz gemacht; In Gassen hat sich zur Boutique-Strasse durchgemausert, und das grosse Haus auf der Rathausbrücke hat ausgemausert.

Auf der Spitze des Grossmünsters

In den achtziger Jahren war es so weit: die Türme des Grossmünsters waren alt und durch die Abgase so krank geworden, dass sie renoviert werden mussten. Von Gerüsten umstellt und mit Plastikbahnen umhüllt, waren die Türme «begehbar», wie der Bergsteigerausdruck lautet. Unverzeihlich wäre es gewesen, die Gelegenheit verstreichen zu lassen, sich auf die Krone zu setzen. Dort oben ist die exklusive Rundsicht mit zwei Bleistiftskizzen festgehalten worden, während die Maler auf den Gerüsten damit beschäftigt waren, den kupfernen Spitzbogen den Sandstein-Look beizubringen. Die Zeichnung mit der Aussicht nach Norden hält über Napfplatz, Spiegelgasse, Rindermarkt hinweg die Predigerkirche fest.

Die Stadt am Fluss

Auf dieser Skizze von des Grossmünsters Spitze aus kommt anschaulich zur Geltung, dass Zürich eine Flussstadt ist. Wo die Limmat am schmalsten ist, gab es schon immer eine Verbindung zwischen den beiden Ufern. Früher hiess sie Untere Brugg, heute nennt man sie Gemüse- oder besser noch Rathausbrücke. Anstelle der eisernen Vorgängerin steht jetzt eine breitausladende Betonbrücke, erster Preis eines Wettbewerbs. Die bizarre, aufwendige Markthalle ist bereits wieder verschwunden, dem Volkszorn gewichen. Am rechtsufrigen Brückenkopf steht das wuchtige Rathaus, Zürichs einziger Renaissancebau. Am andern Brückenkopf sind zwei Symbole standesgemässen Übernachtens: das «Schwert» früher, der «Storchen» heute.

Der Münsterhof

So weit und gestreckt wie auf der Zeichnung ist der Münsterhof nun auch wieder nicht. Ein Weitwinkelblick von hundertachtzig Grad macht es möglich, dass die ganze Häuserszene zwischen Rathaus und Griederhaus auf einem Blatt ist. Die Zeichnung ist 1964 entstanden als der Fraumünsterturm eingerüstet war.

Die Fraumünsterkirche hatte übrigens bis 1728 zwei Türme; dann wurde der Südturm abgebrochen, der Nordturm aufgestockt und mit Turmuhr und Zifferblatt versehen. An allen vier Ecken gab es nunmehr grosse metallene Delphine als Wasserspeier, die sich einen Spass daraus machten, das Wasser schwanzschlagend auf die Fussgänger zu entleeren. Weltberühmt wurde der Münsterhof, als Winston Churchill 1946 dort für ein vereintes Europa plädierte.

Auf der Urania-Sternwarte

Die Altstadt vom Turm der Predigerkirche

Hat man nach Treppen und Leitern endlich das dämmrige Reich des Turmgebälks erreicht, sich die Spinnweben vom Haar gestreift und den knarrenden Turmladen aufgestossen – dann wird man durch eine wunderbare Aussicht belohnt: die Altstadt zwischen Predigerplatz und Winkelwiese liegt weit ausgebreitet da, mit allen Gässchen und Hinterhöfen, dominiert vom wuchtigen Grimmenturm. Und weit hinten die bläuliche Helle des Sees.

Stadelhofen

Gedanken beim Zeichnen

Wenn ich irgendwo im Freien draussen zeichne, stehend mit dem Karton auf dem Stativ, sitzend mit dem Block in der Hand oder kniend auf schmalem Gerüst, dann wird mir bewusst, dass ich keinen gewöhnlichen Beruf ausübe. Ich sehe etwas und mache das Gesehene für Andere sichtbar, mit einfachsten Mitteln: Papier, Bleistift, Feder. Das wichtigste aber ist der geübte Blick, und den kann man nicht kaufen. Auch der Fotograf fängt seine Motive ein, aber er tut dies mit einem surrenden und blinkenden Apparat, und wenn der «klick» macht, dann ist das Bild im Kasten, die Sache erledigt. Der Zeichner aber hat in diesem Stadium immer noch ein jungfräulich weisses Blatt vor sich.

Zeichnet man auf öffentlichem Grund, dann scheint man öffentliches Eigentum zu sein. Kaum jemand kann vorbeilaufen ohne steife Beine zu bekommen. Kinder zerren ihre Mütter zum Künstler, Rentner verweilen halbtagsweise und bedauern, diesen Beruf nicht auch ergriffen zu haben, Frauen erzählen von ihren Nichten, die so gut Pferde zeichnen, pensionierte Lehrer glauben, perspektivische Fehler finden zu müssen. Man lässt die Interviews über sich ergehen wie ein arrivierter Sportler. Das Gefühl, eine offensichtlich faszinierende Tätigkeit auszuüben, regt an. Ob das Hobby sei oder Beruf, wird gefragt, und wenn ich sage, dies sei mein Beruf, meine ich oft einen leisen Seufzer zu hören. Da erlaubt sich also einer, eine brotlose Freizeitbeschäftigung, beglückendes Tun, zu einem einträglichen Beruf zu machen, und dann noch lebenslänglich.

Meistens wäre ich lieber allein mit meiner Zeichnung, besonders am Anfang, wenn die Form gesucht und Hell-Dunkelwirkung ertastet werden muss. «Das isch sicher schwer, i chönnt's au nöd», hört man dann teilnahmsvoll. Man wird ermuntert, das zuhause nochmals zu machen, aber dann präziser. Warum nicht mit den Lineal?

Vor allem aber solle ich es noch ausmalen, gällezi. Mit viel Seitenhieben gegen diese Abstrakten wird mir attestiert, dass ich ein wahrer Künstler sei: so genau und mit soviel Geduld gemacht sei die Zeichnung. Den schönsten Kommentar hat einer nach langem Betrachten von sich gegeben: Er mache etwas ganz Ähnliches, er dekoriere Torten bei Sprüngli. Der kürzeste Kommentar aber stammt von den Primarschülern: «Läck!»

Vor genau fünfzig Jahren habe ich den Grafikerberuf ergriffen. Ein schillernder Beruf damals, ausgeübt von Männern mit Manchesterhosen und Baskenmützen, mit ungesichertem Einkommen und darum nicht ganz seriös. Ein spannender Beruf bis heute, der es einem übelnimmt, wenn man einmal eine Weile auf der Routine ausruhen möchte. Der Grafiker ist immer Nomade, der abgegraste Weidegründe verlassen und neue suchen muss. Und stets muss er auf der Hut sein, vom ständigen Wandel nicht überrollt zu werden oder einen Trend nicht zu bemerken. «Eins, zwei, drei, im Sauseschritt, läuft die Zeit vorbei – wir laufen mit.» Das hat Wilhelm Busch gesagt, erster Comicstripzeichner und immer noch bester.

Im Lauf der Jahre habe ich mich vom effekt- und trendbewussten Gebrauchsgrafiker zum schlichten Zeichner gehäutet. Gebrauchsgrafiker? Ein eigenartiger Begriff für einen jungen Grafiker, denn jetzt heisst er offiziell und gesamteuropäisch Graphic Designer und hat einen Bildschirm auf dem Tisch. Statt mit Entwürfen unterm Arm daherzukommen, jettet, diskettet und faxt er. Vermutlich stehe ich jetzt mit meiner Arbeitsweise näher bei Albrecht Dürer als bei einem Commercial Artist oder Creative Director. Gottlob.

Zeichner bin ich nun, aber diesen Beruf scheint es nicht zu geben. «Sind sie Maler?» wird man beim Zeichnen gefragt. Arnold Kübler, bewundernswerter Du-Redaktor aus früheren Tagen, hatte mit den gleichen Fragern zu kämpfen und gibt die tröstliche Antwort: «Die Frager sind in die falsche Vorstellung verstrickt, das Zeichnen sei eine Vorstufe der Malerei, eine vorbereitende Beschäftigung. Sie haben noch nicht erkannt, dass es eine selbständige Kunstgattung mit eigenen Mitteln und Zielen ist, kühl, sehr geistig, sehr nobel, von knapper Ausdrucksweise, mutig und stolz angesichts der bunten Wirklichkeit aufs Schwarz und Weiss sich beschränkend.» Ein grandioses Plädoyer für die Zeichnung, das ich nicht wage in Anspruch zu nehmen.

Häuser, das spüre ich, habe ich nun genug gezeichnet. Die Dächer, die beharrlich beziegelt werden wollen, liess ich in letzter Zeit verdächtig oft künstlich beschneien. Es zieht mich immer mehr zur Natur. Meinen Ruf, als Häuserzeichner meist das zu zeichnen, was bald darauf verschwindet, möchte ich aber nicht auf die Natur übertragen.

Wenn ich im Wald sitze und zeichne, wenn ich das Licht in den Bäumen betrachte, die Vögel über mir zwitschern und den Bach neben mir rauschen höre, dann spüre ich eine Ruhe, die nicht von dieser Zeit ist. Dann kommen mir Eichendorff und sein Taugenichts in den Sinn, und sachte beschleicht mich der Wunsch, dass ich zweihundert Jahre früher hätte zur Welt kommen sollen. Irgendwann prescht dann aber ein Düsenjäger über die Wipfel und belehrt den verspäteten Romantiker, dass er geträumt hat.

Mein Dank
Allen, die zum Gedeihen des Buches beigetragen haben, danke ich herzlich: Hans Rohr, der nach den Städtepanoramen auch dieses Buch in seinem Verlag herausgibt, Werner De Haas, der als Freund und Lektor meine Texte veredelt und mir manchen guten Tip gegeben hat, Dr. Jürg Kaufmann für sein frisches Vorwort und dem Baugeschichtlichen Archiv für seine Unterstützung.
Vor allem aber danke ich Hans Auer, Druckereibesitzer in Fällanden; er hat mir den Floh ins Ohr gesetzt, ein Buch über Zürich zu machen und hat auch das ganze finanzielle Risiko übernommen. Ohne sein Engagement wäre das Buch nicht entstanden.